W0188125

Der **Christoph**
weiß *fast* alles!

Der Christoph
weiß *fast* alles!

Kinder fragen,
Christoph Biemann antwortet

Meyers Kinder- und Jugendbücher

Bibliografische Information der Deutschen Nationalbibliothek
Die Deutsche Nationalbibliothek verzeichnet diese Publikation
in der Deutschen Nationalbibliografie; detaillierte bibliografische Daten
sind im Internet über http://dnb.ddb.de abrufbar.

Das Wort MEYERS ist für den Verlag Bibliographisches Institut AG
als Marke geschützt.

Alle Rechte vorbehalten.
Nachdruck, auch auszugsweise, nicht gestattet.
© Bibliographisches Institut AG, Mannheim 2010

Redaktionelle Leitung Nina Schiefelbein
Text- und Bildredaktion Jochen Dilling, 2THINK, Recklinghausen
Fachlektorat Felix R. Paturi
Texte Christoph Biemann, Peter Brandt

Herstellung Verona Meiling
Layout Horst Bachmann
Illustrationen Volker Fredrich
Umschlagabbildung Christoph Biemann, Köln

Satz Sigrid Hecker, Mannheim
Druck und Bindung Firmengruppe APPL, Wemding

Printed in Germany
ISBN 978-3-411-08271-1

Inhalts-verzeichnis

Inhaltsverzeichnis

Vorwort

Vor Schreck zuckte ich zusammen. Eine Hand hatte sich hier, mitten in der Fußgängerzone, auf meine Schulter gelegt. „He, bist du nicht der Christoph aus der „Sendung mit der Maus"? Sag doch mal: Wie funktioniert eigentlich ein Fotoapparat?" Tatsächlich konnte ich die Frage beantworten. Zufällig wusste ich das. Aber ich fügte gleich – so wie ich das immer tue – hinzu, dass ich kein Alleswisser bin. In den über 35 Jahren, die ich für die „Sendung mit der Maus" arbeite, habe ich enorm viel gelernt und erfahren. Trotzdem füllt das, was ich nicht weiß, immer noch ganze Bibliotheken.

Und das ist auch gut so! Wie langweilig wäre das Leben, wenn man nichts Neues mehr erfahren könnte, wenn man auf alles eine Antwort wüsste? Bestimmt würde mich keiner mögen, meine Besserwisserei wäre für alle unerträglich. Also lieber doof sein, aber nett? Das ist natürlich nicht die Lösung. Ich kann garantieren, dass man sich sein ganzes Leben lang Wissen aneignen kann, ohne jemals alles zu wissen. Im Gegenteil: Je mehr man weiß, umso eher weiß man, wie wenig Ahnung man eigentlich hat.

In der Schule lernen wir systematisch. Wir lernen, Zusammen-
hänge zu erkennen, das heißt, wie ein Wissensbröckchen
mit dem anderen zusammen hängt. Das ist gut und richtig. Viel
Wissen steckt auch in Lexika. Darin kann man nachschlagen,
wenn man eine Erklärung für ein Wort braucht oder genauere
Informationen dazu sucht.

Darüber hinaus gibt es viele Dinge, die man nicht wissen
muss, die aber dennoch interessant sind. Die Lust auf
Wissen machen. Und die dabei helfen, wissend und neu-
gierig zugleich durchs Leben zu gehen. „Man sieht nur
das, was man weiß", hat mal ein kluger Kopf gesagt. Von
solchen Dingen sind in diesem Buch viele zu finden,
wie ich hoffe. Mir macht es immer großen Spaß, wenn ich
etwas weiß, das ich vor ein paar Minuten, ein paar
Stunden, ein paar Tagen noch nicht wusste. Das ist dann
für mich nicht nur ein Gewinn an Wissen, sondern vor
allem auch an Lust.

Viel Gewinn an Wissen und Lust wünsche ich den Lesern
dieses Buches!

Herzlichst

Warum reagieren manche Menschen allergisch?

Wenn im Frühjahr die ersten warmen Sonnenstrahlen die Blumen sprießen lassen und die ersten **Blüten** an den Bäumen hervor-locken, geht mir das Herz auf, und ich freue mich über die erwa-chende Natur. Es gibt jedoch Menschen, die sich darüber gar nicht so recht freuen können. Wenn zum Beispiel Hasel- und Wei-densträucher blühen, fängt ihre Nase an zu laufen, sie müssen ständig **schniefen**, und ihre Augen schwellen zu. Diese Leute haben eine Allergie, das heißt, sie reagieren überempfindlich (allergisch), und zwar in diesem Fall auf Blütenstaub.

Allergisch kann man gegen alles Mögliche sein.

Allergisch kann man gegen alles Mögliche sein – gegen **Hausstaub**, Milch-produkte, Tierhaare, Gräser, Pilze und vieles mehr. Aber wie kommt das? Jeder Mensch hat ein **Immunsystem**, das sich sofort auf schädliche Krankheits-erreger stürzt und sie bekämpft. Das ist auch gut so, denn sonst wären wir viel häufiger krank.

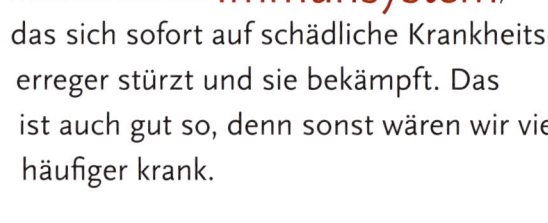

So sehen Pollen unter dem Mikroskop aus.
Sie können Allergikern das Leben ganz schön
schwer machen.

Bei Menschen mit Allergien aber reagiert das Immunsystem auf harmlose, völlig **ungefährliche Stoffe** wie zum Beispiel den Blütenstaub. Der Körper bekämpft also etwas, was er eigentlich nicht bekämpfen muss. Und so läuft bei manchen Allergikern im Frühjahr die Nase.

Fest steht, dass **immer mehr Menschen** Allergien haben. Was früher eine Seltenheit war, ist heute eine Volkskrankheit. Wie kommt das? Genau weiß das bisher niemand. Es könnte aber daran liegen, dass es bei uns sehr sauber zugeht. Bei kaum einem Kind muss das Immunsystem Krankheitserreger, die sich im Dreck verbergen, abwehren. Wenn es dann später plötzlich mit Staub oder Ähnlichem konfrontiert wird, weiß es

nicht, wie es sich zu verhalten hat, und reagiert **vorsorglich**.
Bei Kindern, die in weniger sauberen Verhältnissen aufwachsen,
treten sehr viel seltener Allergien auf.

Doch Allergien können auch **andere Ursachen**
haben. Vielleicht werden sie durch die Verschmutzung von

Ursache ungeklärt

Luft und Wasser, künstliche Stoffe
in Lebensmitteln oder die Einnahme
von Medikamenten ausgelöst.

Oder werden wir empfindlicher, weil wir größeren Belas-
tungen ausgesetzt sind und Stress haben?
Mir scheint es wahrschein-
lich zu sein, dass viele Dinge
zusammenwirken
und eine Allergie auslösen.

Hausstaubmilben ernähren sich vorwiegend
von Hautschuppen und Haaren, die Staub
enthalten. Für Allergiker sind die winzigen
Tiere eine Qual.

Huch, meine Nase kitzelt so.

Ha-ha-ha-HAAATSCHI!!!!

Zu Fuß nach Amerika

Vermutlich wisst ihr, dass **Christoph Kolumbus** Amerika, also die Neue Welt – wie die Menschen vor über 500 Jahren diesen Erdteil nannten – entdeckt hat. Aber stimmt das wirklich? War Kolumbus tatsächlich der erste Mensch, der seinen Fuß auf den amerikanischen Kontinent gesetzt hat?

Ganz sicher nicht, denn als der Kapitän mit seiner kleinen spanischen Flotte auf der **Karibikinsel** Hispaniola landete, war Amerika

Schon vor Kolumbus waren Menschen in Amerika.

längst besiedelt. Mehr als 20 000 Jahre bevor der Mann, den wir heute als Entdecker Amerikas feiern, amerikanischen Boden betrat, wanderten Menschen aus Sibirien (im heutigen Russland) nach Alaska ganz im Norden Amerikas. Damals herrschte Eiszeit, und dort, wo heute eine Meerenge namens Beringstraße ist, gab es eine dicke Eisschicht. Es müssen schon **harte Frauen und Männer** gewesen sein, die sich durch Schnee und Eis kämpften, um neues Land für sich zu erobern, und schließlich nach Amerika kamen.

Manche Wissenschaftler glauben, dass auch auf anderen Wegen und aus anderen Regionen Menschen nach Amerika gelangt sind, aber beweisen kann das bis heute keiner. Gehen wir also davon aus, dass die **Einwanderer aus Asien** im Lauf von Tausenden von Jahren den von ihnen entdeckten Kontinent bevölkerten.

So um das Jahr 900 wurde Amerika von einer kleinen Gruppe Wikinger noch einmal entdeckt. Leif Eriksson und seine Begleiter errichteten im heutigen Neufundland eine Siedlung. Die **Wikinger** zählten zu ihrer Zeit zu den besten Seefahrern. Eine Gruppe von ihnen war schon einige Jahre vorher bis nach Grönland gesegelt. Und von Grönland bis zur amerikanischen Küste ist es nicht mehr allzu weit.

Warum die Wikinger sich später wieder von dem **neuen Kontinent** zurückzogen, weiß keiner. Es kann aber durchaus sein, dass sie von den eigentlichen Ureinwohnern, die ja schon lange vor ihnen eingewandert waren, vertrieben wurden. Auf jeden Fall geriet der amerikanische Kontinent in Vergessenheit und es wurde nur noch in Legenden von ihm erzählt. Und vielleicht hat Kolumbus von diesen alten Geschichten gehört.

Kolumbus dachte, er sei in Indien und

Kolumbus fuhr schon in jungen Jahren zur See. Sein größter Wunsch bestand darin, einen **Seeweg nach Indien** zu finden. Damals kamen viele wichtige Waren (z. B. Gewürze) aus Indien und mussten über den Landweg transportiert werden – und das dauerte ziemlich lange. Nach vielen Jahren vergeblicher Bemühungen konnte Kolumbus das spanische Königshaus davon überzeugen, ihn mit Geld und Schiffen für eine Expedition zu unterstützen. Als er schließlich Amerika erreichte, glaubte er, den Seeweg nach Indien gefunden zu haben. Deshalb gab er den Ureinwohnern, die ihn dort freundlich empfingen, den Namen „Indianer". Der hat sich bis heute für Ureinwohner Nordamerikas gehalten. In Mittel- und Südamerika werden sie „Indios" genannt.

...icht in Amerika gelandet.

Kaum hatte die Geschichte von der Entdeckung der Neuen Welt in Europa die Runde gemacht, brachen die Eroberer nach Südamerika auf. Dort vermuteten sie **unendliche Gold-schätze**. Ausgerüstet mit Messern, Kanonen und Kampf-hunden erreichten sie Länder wie das heutige Mexiko und Peru. Wer es wagte, sich ihnen in den Weg zu stellen, wurde umge-bracht. Ganze Völker wie die Inka und die Maya wurden innerhalb weniger Monate und Jahre vernichtet.

Die Europäer drängten auch in das Land, das heute USA heißt, besiedelten weite Flächen und verdrängten die Indianer von ihrem Land. Mit den Eroberern kamen Krank-heiten, gegen die die Ureinwohner keine Abwehrkräfte hatten. Seuchen breiteten sich aus und kosteten viele Tausend Indianer das Leben. Die gesunden wurden von **Skalpjägern** gnadenlos gejagt und hingemetzelt. Auch wurden viele Indianer nach Europa verschleppt und als „Sensation" (die Wilden mit der roten Haut) auf Jahr-märkten ausgestellt.

Und die Siedler nahmen den nordamerikanischen Indianern nicht nur ihr Land, sondern auch eine ihrer Hauptnahrungsquellen: **Die Bisons**, die früher in riesigen Herden über die Prärie zogen, wurden von weißen Jägern fast völlig ausgerottet.

Natürlich versuchten die Ureinwohner des amerikanischen Kontinents sich zu wehren. Sie schlossen sich zusammen und kämpften gegen die **Eroberer aus Europa**. Aber gegen deren Waffen hatten sie keine Chance.

Bis heute sieht das Leben der **Nachfahren der Ureinwohner** alles andere als rosig aus. In Südamerika haben sie gegen die „reinblütigen Weißen" keine Chance, wenn es um wichtige Posten geht. Nordamerika schickte „seine" Indianer in Reservate, das sind abgeschlossene Gebiete, in denen sie auf sich gestellt sind. Heute leben viele Indianer wieder in den Städten, fristen aber häufig ein ärmliches Leben am Rande der Gesellschaft. Nichts an ihrer Behandlung erinnert mehr daran, dass sie einst die Herren über Amerika waren.

Auch in Brasilien gibt es Indianer. Dieses kleine Mädchen gehört zum Stamm der Kayapo-Indianer.

Indianer leben heute oft in Armut.

Einzigartiger Automat oder fauler Trick?

Als Kind habe ich mich immer gefreut, wenn ich von meinen Eltern ein Geldstück bekam, mit dem ich mir aus einem bunten Automaten **Schokolade oder Kaugummi** ziehen konnte. Das Wort „Automat" ist aus zwei griechischen Wörtern zusammengesetzt und bedeutet „sich selbst bewegend". Schon vor knapp 250 Jahren standen zum Beispiel auf Jahrmärkten Kisten, auf denen ein kunstvoll geschnitzter Flötenspieler spielte, Enten sich watschelnd und quakend bewegten oder juwelenbesetzte Vögel zwitscherten. Die Besucher von Volksfesten versammelten sich vor riesigen Jahrmarktsorgeln mit oft **lebensgroßen Figuren**, die sich bewegten. Die frühen Automaten funktionierten entweder mit Zahnrädern oder mit Lochstreifen, die zum Beispiel den Orgeln die Melodien vorgaben.

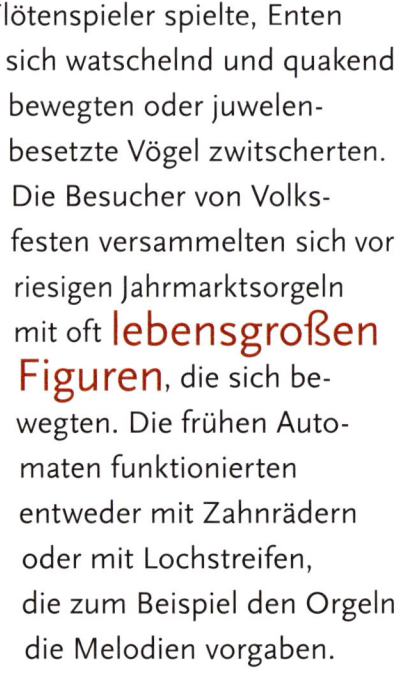

1770 verblüffte der Automatenbauer Wolfgang von Kempelen die Welt mit einem Automaten, der so gut **Schach spielen** konnte, dass er selbst Schachmeister besiegte. Der Automat war in einer Kommode untergebracht, hinter der die Figur eines Türken aus Holz und Pappmaschee hockte. Zum Klang eines laufenden Uhrwerks bewegte sie mit ihrer rechten Hand die Figuren auf einem Schachbrett. Fast 50 Jahre lang führte von Kempelen Zuschauer und Schachspieler hinters Licht, denn in der Maschine versteckte sich **ein echter Mensch**, der hervorragend Schach spielen konnte.

Ein Automat, der Schach spielt – und gewinnt

Die Zeit der Automaten als große Attraktion ging mit dem Fortschreiten der technischen Entwicklung vorüber. Die neuen Automaten waren kleiner und hingen in Bahnhöfen und Kneipen, mit Schokolade oder Zigaretten darin. Hinzu kamen Glücksspielautomaten wie die **einarmigen Banditen**, in die man Geld wirft und auf einen Gewinn hofft, Spielautomaten wie Flipper und Musikboxen, die einem das Lied vorspielen, das man per Tastendruck gewählt hat.

Die modernen Automaten werden von kleinen **Computern** gelenkt und prüfen mit speziellen Programmen, ob der Euro, den du eingeworfen hast, auch echt ist. Und diese winzigen Computer, sogenannte Chips, wären durchaus in der Lage, dem Türken des Herrn von Kempelen das Schachspielen ohne faule Tricks beizubringen.

Schnelle Kutschen mit Motor

Wenn wir heute von einem Ort zum anderen gelangen wollen, benutzen wir meist das Auto. Doch was für uns selbstverständlich ist, war für **die Menschen vor 150 Jahren** noch nicht einmal denkbar. Sie kannten nämlich noch kein Auto.

Bevor das Automobil – so sein voller Name – konstruiert werden konnte, musste zunächst einmal **das Rad erfunden** werden. Das geschah schon vor 5000 bis 6000 Jahren. Allerdings waren die ersten Räder wuchtige Baumscheiben. Sie wurden an Lastkarren geschraubt, die von Maultieren, Eseln, Ochsen, Pferden oder Dienern gezogen wurden und Menschen oder Material transportierten. Eine ziemlich mühselige Angelegenheit. Im Lauf der Zeit wurden die Räder leichter und erhielten **Speichen**. Speichenräder auf beweglichen Achsen vereinfachten den Transport, weil sie die Karren wendiger machten, aber noch immer brauchte man die Muskelkraft von Menschen oder Tieren zur Fortbewegung.

Der lange Weg zum ersten Auto

Es fehlte also ein Motor für den Antrieb. Bis zu seiner Erfindung vergingen einige Tausend Jahre. Ab 1769 baute der Franzose Nicolas-Joseph Cugnot einen Wagen mit drei Rädern, angetrieben von einer **Dampfmaschine**. Den Auftrag hatte er vom Militär bekommen, denn die Armee brauchte ein Gefährt, mit dem sich möglichst einfach Waffen transportieren ließen. Doch der Dampfkessel war so schwer, dass sich Cugnots Erfindung nur schwer lenken ließ. Außerdem lehnten die Soldaten sie ab, denn sie hielten ihre Zugpferde für zuverlässiger.

Die ersten Autos heutiger Bauart hatten keine Dampfmaschine mehr an Bord, sondern verfügten über einen sogenannten **Verbrennungsmotor**. Sie wurden 1886 von drei Herren vorgestellt, deren Namen in der Autowelt immer noch einen magischen Klang haben: dem Unternehmer-Ingenieursgespann Gottlieb Wilhelm Daimler und Wilhelm Maybach einerseits und Carl Friedrich Benz andererseits.

Der „Kraftwagen" des Herrn Benz hatte drei Räder und
die „Motorkutsche" des Herrn Maybach vier. Die Entwick-
lung von Maybachs Fahrzeug wurde von Daimler finanziert.
Angetrieben wurden die Wagen – wie auch heute die meisten
Autos – von einem Ottomotor, benannt nach dem
Konstrukteur des technisch ausgereiften Motors, Nikolaus
August Otto. Dieser Antrieb verbrennt Benzin, das aus
Erdöl gewonnen wird. Übrigens behielt auch ein anderer,
weitverbreiteter Motor den Namen seines Erfinders: der
Dieselmotor, entwickelt von Rudolf Diesel. Er braucht
kein Benzin, das teuer herzustellen ist, sondern lässt sich
mit dem preiswerteren Dieselkraftstoff betreiben.

In den ersten Jahren nach seiner Erfindung gab es nur
wenige Autos und noch **keine Tankstellen**.
Kraftstoff bekam man in der Apotheke. Doch das sollte
sich ändern, denn schon bald bestimmten die Autos
das Straßenbild.

Da die Abgase der Verbrennungsmotoren **ungesund** sind,
bemühen sich die Autohersteller, andere Motoren zu entwickeln,
die möglichst ohne Benzin und Diesel auskommen. Einige Alter-
nativen haben sie schon gefunden. Zum Beispiel gibt es Autos,
die mithilfe von Strom oder **Sonnenenergie** fahren. Spannende Erfindungen sind auch Motoren, die über eine sogenannte
Brennstoffzelle verfügen und
mit Wasserstoff bewegt werden.
Die Forscher sind also auf
einem guten Weg, um das Auto
der Zukunft zu entwickeln.

**Damit das Solarmobil möglichst
schnell fährt, braucht es viele
Solarzellen. Sie sind neben und hinter
dem Fahrersitz angeordnet.**

Fährt ein Auto auch ohne Benzin?

Wie bauten die Menschen früher?

Als ich neulich wieder einmal vor dem großen **Bauzaun** stand, hinter dem ein neues Hochhaus entsteht, habe ich mich gefragt, ob die Menschen wohl schon immer so außergewöhnliche Gebäude errichtet haben.

Schon vor vielen Tausend Jahren entstanden tolle Bauwerke.

Viele Tausend Jahre lang vermutlich nicht, denn da waren sie froh, wenn sie unter einem **Felsdach** oder in einer Holzhütte wohnen konnten und bei Regen und Kälte ein Dach über dem Kopf hatten. Irgendwann aber einmal haben sie angefangen, Bauten zu entwerfen, die einen heute noch staunen lassen.

In Stonehenge in England formten die Menschen vor vielen Tausend Jahren riesige Steine zu einem großen Kreis.

Beispielsweise der Kreis aus riesigen Steinen (Megalithen) im englischen Stonehenge, dessen Bau vor etwa 5000 Jahren startete. Ein paar Hundert Jahre später begannen die Ägypter mit der Errichtung der berühmten Pyramiden von Giseh. Die Cheopspyramide ist stolze 146,6 Meter hoch und besteht aus Blöcken, von denen einige 150 Tonnen wiegen (das entspricht dem Gewicht von etwa 40 Elefanten). Wie die alten Ägypter diese gewaltigen Bauwerke schon vor so langer Zeit errichten konnten, obwohl sie noch keine motorgetriebenen Baumaschinen, wie wir sie heute kennen, zur Verfügung hatten, ist bewundernswert.

Auf das alte Ägypten folgte die Zeit der Antike. Griechische Baumeister errichteten zu Ehren ihrer Götter gewaltige Tempel. Selbst die Ruinen dieser Bauwerke beeindrucken den Betrachter auch heute noch vor allem durch herrliche Marmorsäulen, die sich in exakt vermessenen Abständen harmonisch um das Innere des Tempels gruppieren.

Der dreigeschossige Pont du Gard bei Nîmes ist ein Meisterwerk römischer Baukunst. Drei Jahre lang bauten über 1000 Arbeiter an der Wasserleitung.

Die **Römer** guckten sich einiges von den Tempelbauten der alten Griechen ab und schufen auch für die heutige Zeit noch atemberaubende Bauwerke. Man denke nur an die römischen Wasserleitungen, die in riesigen Aquädukten Flusstäler überquerten und das Wasser über Dutzende von Kilometern in die Städte transportierten.

Beispielweise führte eine römische Wasserleitung aus der Eifel 77 Kilometer weit bis nach Köln, um die Stadt mit frischem Wasser zu versorgen. Dabei hatten die Baumeister nicht nur für Standfestigkeit zu sorgen, sondern auch das Gefälle

genauestens zu berechnen, denn das Wasser musste ja ständig fließen. Die Villen reicher Römer waren technisch auf dem neuesten Stand: Sie verfügten über Fußbodenheizungen und Toiletten mit Wasserspülung.

Auch im Straßenbau waren die Römer die **Weltmeister der Antike**: 80 000 Kilometer befestigte Straßen durchzogen ihr Weltreich. Dagegen erscheinen die 12 000 Kilometer Autobahnen in Deutschland wie ein Klacks.

Irgendwann ging die Blütezeit des alten Roms zu Ende, und die Menschen vergaßen, welche großartigen Leistungen dort vollbracht worden waren. Es dauerte ein paar Jahrhunderte, bis in Europa wieder großartige Bauten entstanden. Diesmal waren es keine Pyramiden oder Tempel, auch keine gewaltigen Theater oder Thermen, sondern Burgen, Schlösser und **prunkvolle Kirchen**.

Als die Kirchen begannen, in den Himmel zu wachsen, lebten die meisten Menschen noch in einfachen Lehmunterkünften, die häufig nur aus einem Loch im Boden und einem Dach darüber bestanden. Der Besuch eines Gotteshauses muss für sie ziemlich **beeindruckend** und mitunter sogar Furcht einflößend gewesen sein. Der Bau einer solchen Kirche dauerte viele, viele Jahre; zum Beispiel wurde der Kölner Dom erst nach mehr als 700 Jahren endlich fertig.

Heute bauen die Menschen mithilfe von Stahl und Beton immer häufiger **in die Höhe**. Auch dabei entstehen spektakuläre Bauten, die 500 Meter und mehr hoch sind. Vermutlich dauert es nicht mehr allzu lange und es gibt den ersten **Wolkenkratzer**, der einen Kilometer in die Höhe ragt. Gut, dass vor etwas über 150 Jahren der Aufzug erfunden wurde, oder möchtet ihr etwa täglich ein paar Tausend Stufen aus eurer Wohnung und zurück laufen?

Die Menschen bauen immer weiter in die Höhe.

Warum gab es früher so wenig Bücher?

Wenn ihr zur Schule geht, müsst ihr euch mit eurer schweren Schultasche ordentlich abschleppen. Das liegt weder am Pausenbrot noch am MP3-Player, auch das Handy ist recht leicht. Für das große **Gewicht der Schultasche** sorgen die vielen Bücher, die ihr als Schüler mit euch herumtragt.

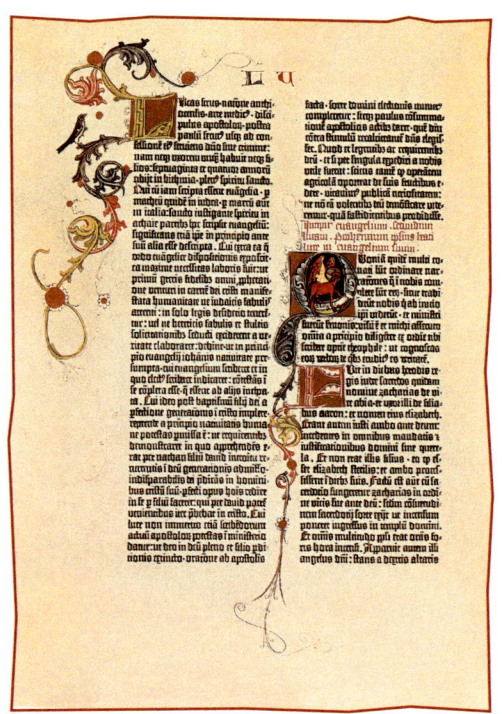

So schwer wie heute waren Schultaschen nicht immer, denn es gab lange Zeit keine gedruckten Bücher. Der Buchdruck wurde in Europa erst vor gut 550 Jahren erfunden. Natürlich gab es auch vorher schon Bücher, aber nicht so viele. Sie waren jedes einzeln **von Hand abgeschrieben** und deshalb unheimlich teuer. Die Abschriften wurden meistens in Klöstern gefertigt, denn oft konnten nur die Mönche lesen und schreiben.

Eines der ersten gedruckten Bücher ist die Gutenberg-Bibel, benannt nach ihrem Drucker Johannes Gutenberg.

Um 1450 jedoch erfand der Mainzer Johannes Gutenberg den Buchdruck. So zumindest habe ich es in der Schule gelernt, aber es stimmt nicht ganz. Etwa 400 Jahre vor Herrn Gutenberg lebte im fernen China ein gewisser Pi Sheng. Er brannte aus Ton Schriftzeichen, die er in einem Rahmen zu verschiedenen Texten zusammensetzen konnte. Dann färbte er die Schriftzeichen ein, legte Papier darüber und drückte es fest gegen die Zeichen. Auf diese Weise wurde der Text abgerieben.

Ein Chinese war schneller als der Mainzer.

Auch die Koreaner hatten schon lange vor Gutenberg gelernt, Bücher zu drucken. Dabei verwendeten sie sogar schon Metalllettern – so lautet die Bezeichnung für die Buchstaben, die wie ein Stempel gedruckt werden.

Von all seinen Vorgängern im Fernen Osten wusste Gutenberg tatsächlich nichts, als er seinen Buchdruck erfand. Vermutlich arbeitete er einige Jahre als Goldschmiedegeselle in Straßburg. Von den Goldschmiedemeistern erlernte er die Gusstechniken, die nötig sind, um die Lettern aus Zinn und Blei zu gießen.

Die ersten gedruckten Wörter bestanden aus Schriftzeichen.

Mitte des 15. Jahrhunderts kehrte Gutenberg in seine Heimatstadt Mainz zurück. In der Nähe von Mainz wurde damals – wie auch heute noch – Wein angebaut. Die Weinkeltern zum Traubenpressen dienten ihm wohl als Vorbild für die Konstruktion der ersten **Druckerpresse**, denn eine gewisse Ähnlichkeit ist deutlich zu erkennen. Mit Ruß und Öl als Farbe, beweglichen Lettern, also Metallbuchstaben, die er beliebig anordnen konnte, und viel Geduld wurden in Gutenbergs Werkstatt Kalender und Bibeln gedruckt. Wegen der schwarzen Druckfarbe nannte man den Buchdruck auch **„Schwarze Kunst"**.

Die Sache mit den beweglichen Lettern sprach sich für damalige
Verhältnisse schnell herum. In vielen größeren Städten entstanden **Druckereien**, und schon ein paar Jahrzehnte nach
der Entdeckung der „Schwarzen Kunst" konnten sich auch Leute,
die nicht zur Kirche oder zum Adel gehörten, Bücher leisten.
Nun war es viel mehr Menschen als vorher vergönnt, lesen und
schreiben zu lernen und sich zu bilden. Das Mittelalter, in dem
so viele Menschen **unwissend** gewesen waren und Angst vor
Teufeln und Dämonen gehabt hatten, die angeblich die Welt
regierten, ging allmählich zu Ende. Die Menschen lernten viele
neue Dinge, die sie
in Büchern aufschrieben und
so die Informationen an
andere Leute weitergaben.
Ein Teil von diesem Wissen
steckt auch in eurer
schweren Schultasche.

**Moderne Druckmaschinen sind so groß, dass
sie garantiert nicht in Gutenbergs Werkstatt
gepasst hätten – und sie arbeiten viel schneller als
Gutenberg und seine Helfer.**

Bücher für alle dank Gutenberg

Manchmal stelle ich mir die Frage, ob in einigen Jahren überhaupt noch Bücher gedruckt werden. Schließlich **surfen** heute viele Menschen weitaus lieber im Internet, denn dort steht ihnen die größte Wissensbibliothek zur Verfügung, die es je gab. Und sie kommt völlig ohne Druck und Papier aus. Und dann gibt es noch diese kleinen Lesegeräte, auf die man sich Bücher aus dem Internet herunterladen kann, sozusagen das papierlose Buch.

Aber wenn ich zweimal im Jahr zu den Buchmessen nach Leipzig und nach Frankfurt am Main fahre und in den vielen interessanten Neuerscheinungen stöbere, dann glaube ich, dass es Bücher noch **sehr, sehr lange** geben wird.

Elektronische Bücher (E-Books) verzichten ganz auf Papier. Der Text erscheint auf einem kleinen Bildschirm, geblättert wird per Knopfdruck.

Ob in einigen Jahren überhaupt noch Bücher gedruckt werden?

Hat es Jesus wirklich gegeben?

Wie Jesus ausgesehen haben soll, wisst ihr spätestens, seitdem ihr das erste Mal in einer Kirche gewesen seid und euch die Bilder und Figuren angesehen habt. Dort wird Jesus meist mit langen Haaren und Vollbart dargestellt. Seine Geschichte wiederum kennt ihr aus der Bibel. Ob es den Jesus aus dem Neuen Testament wirklich gegeben hat, ist allerdings nicht sicher belegt.

Fest steht jedenfalls, dass zu Beginn unserer Zeitrechnung – also vor gut 2000 Jahren – das jüdische Volk auf einen Messias, einen Erlöser, wartete. Die damalige Weltmacht Rom hatte das Land, in dem die Juden lebten, besetzt und plünderte es aus. Der Messias, von dem die Tora, das heilige Buch der Juden, erzählte, sollte sie von dieser Knechtschaft befreien. In jenen Jahren zogen viele „Erlöser" predigend durch das Land und riefen zur Buße auf, damit die Zeiten besser würden. Einer von ihnen könnte Jesus Christus gewesen sein.

Jesus war vermutlich ein Widerstandskämpfer gegen die Römer.

Wenn es Jesus tatsächlich gegeben hat, war er sehr wahrscheinlich ein Widerstandskämpfer gegen die Römer. Die Bibel berichtet von einer Besetzung des Tempels in Jerusalem, in die Jesus als **Anführer** verwickelt war. Alle Jahre zum Passahfest strömten Tausende von Juden nach Jerusalem, um den Auszug der Israeliten aus der ägyptischen Sklaverei zu feiern. Bei den Christen wurde später aus diesem Fest **Ostern**, das Fest der Wiederauferstehung. Häufig kam es beim Passahfest zu Angriffen gegen die römischen Besatzer und auch gegen Juden, zum Beispiel gegen die Priester des Tempels, von denen man wusste, dass sie mit Römern Geschäfte machten.

Das Neue Testament berichtet, dass Jesus im Verlauf solcher Auseinandersetzungen **festgenommen** wurde. Er wurde gefoltert, vom Statthalter Pontius Pilatus verurteilt und von römischen Soldaten am Kreuz hingerichtet. Fast alle Christen glauben, dass Jesus am dritten Tage nach seinem Tod **wiederauferstanden** ist. Das ist die Grundlage ihrer Religion.

Nach dem Tod ihres Anführers Jesus schlossen sich seine
Anhänger **zur ersten christlichen Gemeinde**
zusammen. Die meisten Juden glaubten nicht an die Wiederauferstehung und Göttlichkeit des Jesus. Da die Römer das Land
noch immer knechteten, konnte er nicht der erwartete Messias
gewesen sein, denn der hätte die verhasste Besatzungsmacht mit
Feuer und Schwert ins Meer getrieben. So kam es in der Anfangs-
zeit des Christentums zu blutigen Auseinandersetzungen zwischen der
neu entstandenen Sekte der Christen-
juden und den Juden.

Christliche Schriftsteller begannen
etwa 80 Jahre nach Jesus' Tod
zahlreiche **Evangelien**, das
sind Erzählungen über das
Leben des Jesus von Nazareth
(nach seinem Geburtsort
Nazareth), zu verfassen.
Viele davon sind für immer
verschwunden oder
inhaltlich zweifelhaft. Die
Kirche erkannte einzig die
Evangelien von Matthäus, Markus,
Johannes und Lukas an.

Der Papst ist das Oberhaupt
der katholischen Kirche.

Der Petersdom ist der Mittelpunkt der Vatikanstadt in Rom. Dort residiert der Papst, das Oberhaupt der katholischen Christen.

Nachdem das Christentum im 4. Jahrhundert zur römischen **Staatsreligion** erklärt worden war, begann sich diese Religion weltweit auszubreiten. Heute gibt es etwa zwei Milliarden getaufter Christen auf der Welt.

Lustige Bilder mit Sprechblasen

Diese Höhlenzeichnung entstand vor 17 000 bis 18 000 Jahren, natürlich ohne Sprechblasen, denn die Menschen konnten noch nicht schreiben.

Wie lange es schon Comics gibt, weiß niemand. Schon vor 30 000 Jahren malten Menschen Tiere auf ihre **Höhlenwände**. Viele Tausend Jahre später kamen Geschichten aus ihrem Alltag und den Arbeiten auf den Feldern hinzu. Die alten Ägypter malten Bilder vom Bau der Pyramiden und von ihren Göttern an Wände und Säulen. In den Tempeln Asiens findet man noch heute **Bildergeschichten** vom Leben Buddhas. Die prunkvollen christlichen Altäre des Mittelalters erzählen mit Bildern Geschichten aus der Bibel oder von Heiligen. Im 11. Jahrhundert wurde in einem französischen Kloster ein Wandbehang gestickt, der auf 70 Meter Länge die Geschichte von der Eroberung Englands erzählt und sogar schon Texte zu den Bildern enthält.

Zunächst gab es Bildergeschichten ohne Sprechblasen.

Sprechblasen, wie sie heute in Comics üblich sind, gab es damals nicht. Auch Wilhelm Busch verwendete sie in seiner berühmten Bildergeschichte von **Max und Moritz** (1865) noch nicht. Bildergeschichten mit Sprechblasen tauchten erst gegen Ende des 19. Jahrhunderts in Amerika auf. Es handelte sich meist um kurze Comics, die in Tageszeitungen oder Wochenblättern zu lesen waren.

Meine ersten Comichefte waren etwa acht Zentimeter hoch und 17 Zentimeter lang (ungefähr ein Viertel eines großen Schulhefts) – genau die richtige Größe, um sie **heimlich** unter der Schulbank zu lesen. Natürlich wurden wir dabei öfter von unserem Lehrer erwischt. Er sammelte dann die Hefte ein. Ob er sie vielleicht später selbst gelesen hat und dabei zum Comicfan wurde, weiß ich nicht.

Die Helden meiner Hefte hießen Akim, Tarzan und Sigurd. Ihre Abenteuer erlebten sie im Dschungel und in finsteren Burgverliesen. Die meisten Erwachsenen glaubten damals, dass diese Hefte, die man von ein paar Groschen seines Taschengelds kaufen konnte, nicht gut für Kinder und Jugendliche seien. Man musste also gut auf seine Sammlung aufpassen.

Die geniale Idee von der sprechenden Ente

Meine persönliche Lieblingsfigur ist – neben der Maus natürlich – die Ente im **Matrosenanzug**: Donald Duck. Den kennt vermutlich jedes Kind, ebenso wie den Rest seiner Entenfamilie. Donald war schon lange auf der Welt, als ich geboren wurde. Die Idee der sprechenden Ente hatte **Walt Disney**, wie sie aussieht, hat sich der Zeichner Carl Barks ausgedacht, der sie vor mehr als 70 Jahren zum ersten Mal aufs Papier brachte. Seinen ersten Auftritt hatte Donald in einem kurzen Trickfilm, danach folgten unzählige Geschichten – und wie es aussieht, wird er auch in Zukunft noch viele neue Abenteuer erleben.

Seit gut zehn Jahren gibt es bei uns immer mehr japanische Comics. Sie heißen **Mangas**, erzählen oft niedliche Geschichten, sind aber manchmal auch sehr gewalttätig. Das Besondere an den Mangas ist, dass du sie – wie im Japanischen so üblich – von hinten nach vorne und von rechts oben nach links unten lesen musst.

Die Sache mit der Null und der Eins

An meinen ersten Computer erinnere ich mich noch sehr gut. Es war ein Atari ST. Knapp 20 Jahre ist es her, dass ich zum ersten Mal den Text für einen Film für die „Sendung mit der Maus" nicht mehr auf der Schreibmaschine, sondern am Computer geschrieben habe.

Der erste Rechner, der so ähnlich funktionierte wie die heutigen Computer, trug die Bezeichnung Z3. Er wurde 1941 gebaut und stand in Berlin-Kreuzberg in der Wohnung seines Erfinders Konrad Zuse. Der Z3 war **riesig groß** und arbeitete mit magnetischen Schaltern. Chips, wie sie heute in Computer eingebaut werden, gab es damals noch nicht. Zuses Erfindung fiel in die Zeit des Zweiten Weltkriegs. Eines Tages krachte eine Bombe in das Haus und zerstörte nicht nur die Wände, sondern auch den Rechner. Trotzdem kannst du noch heute einen funktionierenden Z3 im Deutschen Museum in München sehen – es handelt sich allerdings um einen Nachbau.

Computer so groß wie Wandschränke

Als 1969 die ersten Menschen auf dem Mond landeten, ver-
ließen sie sich auf ihre Computer, um Start und Landung
zu berechnen. Allerdings waren diese Computer nicht sehr leis-
tungsfähig. Sie würden nicht mal ausreichen, um ein heutiges
Computerspiel zu spielen. Mein erster Computer konnte
schon weit mehr: Auf ihm liefen Spiele in Schwarz-Weiß.

Irgendwann reichte mir der Speicherplatz nicht mehr
aus, und ich kaufte mir für recht viel Geld eine externe
Festplatte, also eine Festplatte in einem Gehäuse, das ich
an den Atari anschließen konnte. Auf diese Festplatte passten
200 Megabyte, heute haben sogar die meisten
Handys mehr Speicherplatz. Die Maßeinheit für die Daten-
menge heißt übrigens Byte, ein Megabyte sind ungefähr
eine Million Bytes.

In den ersten Großrechnern gab es noch keine Speicherchips, sondern Tausende von
Elektronenröhren. Daher waren die Rechner riesig – große Leistungen vollbrachten sie
allerdings noch nicht.

Die Weiterentwicklung der Computer verlief rasend schnell: Die Rechengeschwindigkeit nahm zu, der Speicherplatz wurde **immer größer**. Als ich damals mit meinem Atari arbeitete, drehten wir unsere Beiträge für die „Sendung mit der Maus" noch auf „echtem" Film. Anschließend setzten wir uns mit dem Filmmaterial an den Schneidetisch. Wir schnitten die einzelnen Szenen mit einer Schere auseinander und klebten sie hinterher mit Tesafilm in der richtigen Reihenfolge aneinander.

Heute ist das anders. In den Kameras ist kein Film mehr, sie speichern die aufgenommenen Bilder mit Computerunterstützung, also **digital**. Da kommen unzählige Bytes zusammen, pro Minute bis zu ein Gigabyte; ein Gigabyte sind rund eine Milliarde Bytes, eine Eins mit **neun Nullen**. Auf meinen alten Atari hätte nicht mal ein einziges Bild in solch hoher Auflösung gepasst. Natürlich werden die Filme heute nicht mehr am Schneidetisch geschnitten, sondern an leistungsfähigen Computern mit riesengroßen Speichern zusammengebaut.

Doch auch wenn die Technik rasant vorangeschritten ist, **rechnen** die Computer im Prinzip immer noch so wie der große Rechner des Herrn Zuse, und zwar im Binärsystem. Das kennt nur zwei Zahlen, nämlich die Null und die Eins. Damit merken sich Computer alles, egal, ob du Bilder oder Texte speicherst, im Internet surfst und E-Mails verschickst, spannende Spiele spielst oder Filme ansiehst.

Wenn du am Computer eine Eins eingibst, dann speichert er einmal die 1. Bei der Zwei schreibt er eine 1 und eine 0, also 10. im Binärsystem steht 11 für 3, 100 für 4 usw. Je größer die Zahl ist, desto länger wird die Reihe aus **Einsen und Nullen** – die 20 zum Beispiel benötigt schon fünf Ziffern: 10100. Doch auch wenn sehr schnell sehr lange Zahlenreihen entstehen, merkst du vor dem Bildschirm nichts davon, denn das Binärsystem verwendet allein der Rechner und setzt die Zahlenreihen in Buchstaben und Bilder um, wie du sie kennst.

Ein Computer versteht nur zwei Zeichen.

Frieren Eisbären im Schnee?

Eisbären leben hoch oben im Norden, in der Arktis, wo die Landschaft von dickem Eis überzogen und das Wasser **bitterkalt** ist. Schon wenn ich daran denke, fröstelt es mich, brrrr. Macht den Eisbären die Kälte denn gar nichts aus?

Die Bären mit dem weißen Pelz sind zumindest sehr gut gegen Kälte geschützt. Dafür sorgt zunächst einmal ihr Fell, das bis zu **30 Zentimeter dick** wird. Die Haare sind innen hohl und dienen nicht nur als Windschutz, sondern speichern auch Wärme.

Wenn man das Fell des Eisbären beiseiteschiebt, dann erlebt man ein **schwarzes Wunder**, denn die Bärenhaut ist sehr dunkel, fast schwarz gefärbt. Scheint einmal die Sonne, nimmt die Haut die Wärme sehr gut auf, denn dunkle Materialien sind dafür wesentlich besser geeignet als helle. Das kannst du selbst ausprobieren, wenn du dir je ein helles und ein dunkles Tuch um deine Unterarme wickelst und sie – am besten im Sommer – in die Sonne hältst. Die Haut leitet die Wärme an die darunterliegende **dicke Fettschicht** weiter, wo sie gespeichert wird.

Eisbären haben eine dunkle Haut.

Nun ist der Körper des Eisbären bestens geschützt und es geht kaum Wärme verloren. Es kann sogar passieren, dass der Eisbär in der Sonne ins Schwitzen kommt. Dann muss er sich abkühlen. Zum Glück ist das kein Problem, denn es gibt ja genügend Schnee, in dem er sich wälzen kann.

> Und wenn der Bär mal ein Bad im kalten Nordpolarmeer nimmt? Dann friert er auch nicht, denn sein Fell ist sehr ölig. Das hat den Vorteil, dass das Wasser daran abperlt. Der Eisbär muss sich hinterher nur kräftig schütteln, bevor die Wassertropfen gefrieren.

Wenn jedoch der arktische Winter hereinbricht und das Thermometer immer tiefer sinkt, dann braucht auch der Eisbär einen zusätzlichen Wärmeschutz. Und den findet er im Schnee. Er gräbt sich ein oder lässt sich einfach einschneien. Dann hat er eine Schneehöhle, in der er wunderbar dösen kann. Einen richtigen Winterschlaf wie andere Bären macht der Eisbär nämlich nicht. In dieser Schneehöhle ist es sogar warm genug, dass Eisbärinnen darin ihre Jungen zur Welt bringen.

Von Schienen, Dampfmaschinen und einer Wette

Manchmal entsteht eine bahnbrechende Erfindung, wenn zwei bereits bekannte Erfindungen zusammengeführt werden. Das war zum Beispiel bei der Eisenbahn der Fall. Vor 200 Jahren gab es schon Motoren, und es gab auch Schienen und Wagen, die darauf fuhren. Allerdings wurden sie noch von Pferden gezogen.

Schon in der Antike, also vor weit mehr als 1500 Jahren, versahen schlaue Baumeister stark befahrene Straßen mit Rillen, in denen die Karren und Wagen besser „in der Spur blieben". Ein paar Hundert Jahre später wurden in Bergwerken zum Transport von Kohle und Erzen sogenannte

Loren verwendet, Wagen, die auf Schienen liefen. Diese Schienen waren aber noch nicht aus Stahl wie heute, sondern meist aus Holz.

Mitte des 18. Jahrhunderts feierte die Dampfmaschine, die die Wärmeenergie von heißem Dampf in Bewegung umwandelte, ihren Durchbruch. Mit dieser Energie wurden zum Beispiel Maschinen in Fabriken betrieben. Solche Dampfmaschinen waren ziemlich groß und wogen so viel wie ein Elefant oder sogar noch mehr. Auf die Idee, dass man mit diesen tonnenschweren Kolossen auch ein Fahrzeug bewegen könnte, kam zunächst niemand.

Doch 1765 war es so weit. Eine Zugmaschine, die von einer
Dampfmaschine angetrieben wurde, rumpelte durch die Straßen
von Peking. 1769 rollte der erste europäische Dampfwagen in
Paris. Wer dieses Wunder der Technik bestaunen wollte,
brauchte nicht allzu schnell zu laufen, denn die Maschine
schaffte gerade mal drei Kilometer in
der Stunde und musste zudem alle paar
Minuten mit Feuerholz und Wasser
versorgt werden. Das Gefährt überstand
die erste Fahrt nicht.

Wie bewegt man einen tonnenschweren Koloss?

Etwas mehr als 30 Jahre später wettete ein englischer Unterneh-
mer namens Samuel Homfray 500 Goldstücke darauf, dass
es möglich sei, eine Maschine zu konstruieren, die zehn Tonnen
Eisen mehrere Kilometer weit transportieren könne. Er beauf-
tragte den Ingenieur Richard Trevithick, der einige Erfahrungen

**Die erste deutsche Lokomotive wurde 1862 gebaut. Aller-
dings ähnelte sie eher einer Dampfmaschine als einer Lok.**

mit der Konstruktion von
Dampfmaschinen hatte, ein
Fahrzeug für den Schienen-
verkehr zu bauen. Homfray
gewann die Wette,
denn Trevithicks Dampflok zog
nicht nur zehn Tonnen Eisen,
sondern auch fünf Waggons
und 70 Männer über eine
Strecke von über 15 Kilometern.
Schnell fuhr dieser Zug zwar
nicht, denn die Fahrt dauerte

vier Stunden und fünf Minuten, doch es klappte. Allerdings gingen durch das Gewicht von Lok und Ladung die
Holzschienen **zu Bruch**.

Ab 1825 fuhr dann in England die erste „richtige" Eisenbahn.
Sie verkehrte zwischen Liverpool und Manchester und transpor-
tierte über eine Strecke von 56 Kilometern Güter und Men-
schen. Diese Strecke hatte schon alles, was zu einer modernen
Eisenbahnlinie gehört: **Tunnel**, Bahnhöfe, Signale und
Weichen.

Die Eisenbahn erobert die Welt.

Als am 7. Dezember 1835 in Deutschland die erste Eisenbahn von Nürnberg nach Fürth fuhr, strömten die Menschen an die Strecke. So etwas hatten sie noch nicht gesehen.

In den folgenden Jahren ging es Schlag auf Schlag: 1835 fuhr die Eisenbahn auch in Deutschland. Die erste Strecke war genau 7,45 Kilometer lang und führte **von Nürnberg nach Fürth**. Keine 30 Jahre später bauten Eisenbahnpioniere in Amerika eine 2800 Kilometer lange Schienenstrecke durch den Wilden Westen, von der West- zur Ostküste des Landes. 1904 schließlich konnte die bis heute längste durchgehende Bahnstrecke der Welt befahren werden: Die **Transsibirische Eisenbahn** verbindet Sankt Petersburg mit Wladiwostok in Sibirien und ist 9289 Kilometer lang. Die Eisenbahn machte das Reisen für die meisten Menschen erst bezahlbar, denn eine Zugfahrt war weitaus billiger als eine Fahrt mit der Pferdekutsche oder mit dem Schiff.

Heute fahren die Züge rasend schnell, und alle großen Städte
sind durch **Zuglinien** verbunden. Das ist auch gut so, denn
Züge brauchen weit weniger Energie als Autos, Lkws und
Flugzeuge. Auch sind die Bahnstrecken bei Weitem nicht so
breit wie vierspurige Autobahnen.

So, und jetzt muss ich zum Bahnhof. Der **ICE**, der
schnellste Zug Deutschlands, fährt gleich ab und bringt
mich von Köln nach Frankfurt. Wenn alles nach Plan
geht, wird der Zug für die Strecke nur etwas mehr als eine
Stunde brauchen. Dabei erreicht der ICE Spitzenge-
schwindigkeiten von **300 Stundenkilometern**.
Hoffentlich fällt mir dabei im Speisewagen mein Tee
nicht um.

Der ICE ist der schnellste Zug Deutschlands.

Von der Feuerwehr und den Kaminkehrern

Neulich, als wieder einmal ein paar Feuerwehrautos mit heulenden Sirenen an meinem Büro vorbeifuhren, habe ich mich gefragt, wie die Menschen früher wohl Brände gelöscht haben. Gab es damals auch schon eine Feuerwehr?

Ganz früher, als die Menschen noch in vereinzelt stehenden Häusern wohnten, kannten sie noch keine Feuerwehr. Wenn es brannte, versuchten sie selbst zu löschen. Als die ersten Städte entstanden, wurden Brände jedoch immer gefährlicher, denn sie konnten leicht auf benachbarte Häuser übergreifen. Daher gründeten schon die alten Ägypter vor vielen Tausend Jahren die ersten Feuerwehren. Sie hatten bereits Leitern und vermutlich sogar schon Feuerspritzen.

Im Mittelalter standen in den Städten unzählige Holzhäuser, die Straßen waren **eng**, sodass ein Feuer keine Mühe hatte, von einem Dach auf das andere **überzuspringen**. Daher wurden zahlreiche Schutzvorschriften erlassen. Beispiels-

Früher brannten ganze Städte bis auf die Grundmauern nieder.

weise mussten ab einer bestimmten Uhrzeit alle Feuer in Öfen und Kaminen gelöscht sein. Nachts wachte ein Nachtwächter, der durch die Straßen zog, oder ein Türmer von einem hohen Turm aus über die Stadt.

Sobald er ein Feuer entdeckte, ertönte sein **Schreckensruf „Feurio"**. Doch wenn erst einmal ein Brand ausgebrochen war, konnte er nur schwer wieder gelöscht werden, denn die Menschen mussten das Wasser mit Eimern heranschaffen, tränkten Lappen in Wasser, um die Gebäude, die an das brennende Haus grenzten, zu schützen, und versuchten, das Feuer mit Decken zu ersticken. Oft ohne Erfolg, denn ganze Städte brannten bis auf die Grundmauern nieder.

Die ersten Feuerwehren der Neuzeit entstanden Anfang des 19. Jahrhunderts. Welches die erste war, darüber gibt es unterschiedliche Ansichten. 1811 jedenfalls gab es eine Feuerwehr in **Saarlouis**, die über Pumpen und Schläuche verfügte. Ein paar Jahrzehnte später schlug dann die Geburtsstunde der Feuerwehr, wie wir sie heute kennen. Sie verfügte über die damals modernsten technischen Geräte wie **Spritzenwagen**, die von Pferden oder von Menschenkraft zur Brandstelle gezogen wurden, und hatte besondere Leitern, mit denen man die Dächer der angrenzenden Häuser erklimmen konnten. Alle Feuerwehrmänner meldeten sich freiwillig; viele von ihnen waren Turner, denn die konnten am besten klettern.

Heute ist Feuerwehrmann ein Beruf. Fast jede Stadt unterhält eine **Berufsfeuerwehr**. Daneben gibt es noch unzählige freiwillige Feuerwehren. Längst ist die Brandbekämpfung nicht mehr die einzige Aufgabe der Feuerwehr. Sie wird bei Verkehrsunfällen ebenso gerufen wie nach Unwettern, um vollgelaufene Keller auszupumpen, oder bei drohenden Umweltschäden, zum Beispiel durch auslaufendes Öl.

Natürlich muss sie auch noch Feuer **löschen**. Und wie macht sie das? Um ein Feuer wirkungsvoll zu bekämpfen, muss man es abkühlen. Brennbares Material, zum Beispiel Holz, hat einen sogenannten **Flammpunkt**. Das ist die Temperatur, bei der es zu brennen anfängt. Die Feuerwehrleute versuchen, den Brandherd auf eine Temperatur unter dem Flammpunkt abzukühlen. Meist machen sie das mit Wasser, das durch die Hitze des Feuers verdunstet und dadurch die Temperatur des Brandherdes senkt.

Besondere Anzüge schützen die Feuerwehrmänner vor der Hitze der Flammen.

Um ein Feuer wirkungsvoll zu bekämpfen, muss man es abkühlen.

Eine andere Löschmethode besteht darin, dem Feuer
die Luftzufuhr abzuschneiden. Dazu sprüht man Schaum
oder Pulver über den Brandherd.

Vor 100 und mehr Jahren hat es viel häufiger gebrannt. Das
liegt vor allem daran, dass heutzutage beim Bau von Häusern
weniger schnell entflammbares Material wie zum Beispiel
Holz verbaut wird, aber auch an der Arbeit der Schornsteinfeger. Die befreien die Kamine von Zeit zu Zeit vom Ruß,
der sich darin absetzt. Dieser Ruß kann sich nämlich ent-
zünden, und solch ein Rußbrand ist extrem heiß und kann
auch Material außerhalb des Kamins zum Brennen bringen.
Außerdem überprüfen die Schornsteinfeger Heiz-
anlagen auf ihre Sicherheit. Weil die Arbeit der
schwarzen Männer dem Unglück eines Brandes
vorbeugt, gelten sie in vielen Ländern der Welt
als Glücksbringer.

Wie die Bilder laufen lernten

Ich war sechs Jahre alt, als ich das erste Mal ins Kino gehen durfte. „Max und Moritz" hieß der Film, den ich damals sah. Sehr schnell wurde mir klar, dass Film mehr ist als Technik. Etwas **Magisches**. Später dachte ich, dass ein Film dann gut gemacht ist, wenn man weint. Wenn ich heute die Karl-May-Filme ansehe und daran denke, wie mich Winnetous Tod früher zum Heulen brachte, muss ich über mich selbst schmunzeln. Über die Magie des Films aber kann man schlecht schreiben, die muss jeder selbst erleben. Erzählen kann man aber, wie die Bilder laufen lernten.

Gegen Ende des 18. Jahrhunderts tauchten auf Jahrmärkten **Schausteller** auf, die „laufende Bilder" zeigten. Wer Eintrittsgeld bezahlt hatte, bekam dann auf einer Leinwand zum Beispiel einen fahrenden Zug oder eine Kutsche zu sehen, die von einem Pferd gezogen wurde. Mit einem Spielfilm, wie wir ihn heute kennen, hatte das noch nichts zu tun. Die Bilder waren nicht farbig, sondern **schwarz-weiß**, und die Bewegungen noch ziemlich ruckelig.

Die ersten »laufenden Bilder« waren auf Jahrmärkten zu sehen.

Im 19. Jahrhundert kamen dann Fotografen auf die Idee, so genannte **Serienfotografien** aufzunehmen – zum Beispiel machten sie in rascher Abfolge Bilder von einem galoppierenden Pferd. Diese Fotos spielten sie schnell hintereinander vor den Augen des Publikums ab. Dadurch entstand der Eindruck von Bewegung, und die Fotografen wurden zu den Vorläufern der Filmemacher. Nur wenige konnten sich damals wohl vorstellen, dass der Film aus den Jahrmarktbuden seinen Siegeszug um die ganze Welt antreten würde.

So sahen die Vorläufer der bewegten Bilder aus: Mit einer schnellen Kamera hielt der Brite Edward Muybridge die Bewegungsabläufe eines Pferdes fest.

Ein Film ist nicht mehr und nicht weniger als eine Abfolge von 24 Fotos in der Sekunde. Warum genau so viele? Das hat mit einer besonderen Fähigkeit bzw. **Unfähigkeit** unseres Auges zu tun. Es kann höchstens 20 verschiedene Bilder pro Sekunde auseinanderhalten. Sind es mehr, also zum Beispiel 24, fließen die Bilder in einer einzigen Bewegung zusammen. Im **Kinosessel** sehen wir dann die Handlung der Geschichte vor unseren Augen ablaufen.

Filme lassen ur

Im Laufe der Jahre hat sich vieles am Film geändert. Die ersten Filme waren noch stumm, mittlerweile dröhnt der Ton aus vielen Boxen im Kino und erzeugt den Eindruck, als kämen die Geräusche aus verschiedenen Richtungen wie in der Wirklichkeit. Und die Bilder sind inzwischen farbig. Von den vielen Computertricks ganz zu schweigen, die uns **böse Monster vorgaukeln** und fantastische Welten durch die Luft schweben lassen. Eins aber hat sich bis heute am Film nicht geändert, und das sind die 24 Bilder pro Sekunde.

n fantastische Welten entschweben.

Der Mensch geht in die Luft

Die dicke Hummel kann es, der Schmetterling kann es, die meisten Vögel können es und sogar einige Säugetiere, darunter die Fledermäuse, können es: Sie alle **fliegen** durch die Luft und bewegen sich auf diese Weise schnell von einem Ort zum anderen.

Die Menschen sahen den Vögeln am Himmel nach und träumten davon, ebenfalls fliegen zu können. In einigen Sagen gab es tatsächlich Menschen, die flogen, zum Beispiel Dädalus und sein Sohn Ikarus, dessen Flügel aus **wachsverklebten Vogelfedern** jedoch schmolzen, weil er der Sonne zu nahe kam, und ihn in den Tod rissen. In Märchen sausten von jeher Hexen auf Besen durch die Luft.

Die ersten ernst zu nehmenden Pläne von Flugapparaten zeichnete vor etwa 500 Jahren ein Italiener namens Leonardo da Vinci in sein **Notizbuch**. Doch auch er ist nie geflogen, denn er war seiner Zeit voraus. Damals konnte man die von ihm entworfenen **Flugmaschinen** noch nicht bauen.

Erst im Jahre 1783 wurde für einige mutige Pioniere der Traum vom Fliegen wahr. Die Brüder Montgolfier aus Frankreich hatten beobachtet, dass der Rauch eines Feuers immer nach oben steigt. Daraus schlossen sie: Wenn sie diesen **heißen Rauch** in einen Ballon pusteten und daran eine Gondel befestigten, in der Passagiere Platz fanden, müsste der Ballon die Gondel durch die Lüfte tragen.

Zwar glaubten die Brüder fest an ihre Idee, doch den ersten Flug überließen sie vorsichtshalber drei tierischen „Piloten" und so waren **ein Schaf, ein Hahn und eine Ente** die ersten Passagiere der Luftfahrtgeschichte. Schon wenige Monate nach dem erfolgreichen Experiment konnten die Bewohner von Paris dann auch den ersten Menschen in Ballons zuwinken.

Der ewige Traum vom Fliegen

Die Möglichkeit, sich von etwas in die Höhe heben zu lassen, das leichter ist als Luft, brachte etwa hundert Jahre später einen Grafen auf die Idee, einen **zigarrenförmigen** Ballon mit einem Skelett aus Stahl sowie mit Propellern und Motoren für den Antrieb zu konstruieren. Dieses Luftschiff heißt auch heute noch wie der Graf: „Zeppelin".

Die wichtigste Voraussetzung für den Bau von Flugzeugen, wie wir sie heute kennen, war die Entwicklung von **Benzinmotoren** als Antrieb, weil man zum Abheben vor allem erst mal schnell sein muss. 1901 gelang dem Deutsch-Amerikaner Gustave Whitehead der erste Motorflug. Zwar flog er in seinem leichten Flugzeug nur ein paar Hundert Meter weit, doch legte er den Grundstein für die rasante Entwicklung der Flugzeugtechnik in den folgenden Jahrzehnten— es entstanden immer größere Passagierflugzeuge und superschnelle Düsenjäger.

Aber was hält so einen schweren Riesenvogel eigentlich in der Luft? Es ist die **Form seiner Flügel**: Sie sind nach oben gewölbt. Dadurch legt die Luft über dem Flügel einen längeren Weg zurück als die Luft unter dem Flügel. Deshalb strömt sie dort schneller und drückt von oben weniger auf

Wie bleibt ein Flugzeug in der Luft?

den Flügel als von unten. Auf diese Weise entsteht der Auftrieb, der beim Abheben hilft. Oben hält dann vor allem die über den Flügeln schneller fließende Luft das Flugzeug am Himmel. Um diesen Effekt noch zu verstärken, haben sich die Flugzeugbauer für das Profil der Flügel eine Art **Tropfenform** ausgedacht.

So, nun wisst ihr ein wenig über den Traum vom Fliegen und seine Verwirklichung. Vielleicht sitzt ihr ja bald selbst in einem Flugzeug. Dann wünsche ich euch schon jetzt „Guten Flug".

Das Licht als Maler

Früher nannte man die Fotografen auch „Lichtbildner". Diese Bezeichnung trifft ziemlich genau das, was beim Fotografieren geschieht: Wenn wir fotografieren, passiert das Gleiche, wie wenn wir etwas anschauen. Was wir sehen, ist das Licht, das von den uns umgebenden Dingen zurückgeworfen wird. Durch unsere Pupillen fällt es auf die Netzhaut, die es in schwache elektrische Ströme umwandelt. Über den Sehnerv gelangt das Bild unserer Umgebung ins Gehirn – und das macht dann aus dem Licht ein Bild.

Die ersten Kameras waren Kästen, die auf der Rückseite mit Pergamentpapier (Butterbrotpapier) bespannt waren und auf der Vorderseite ein winziges Loch hatten. Das Licht erzeugte auf dem Butterbrotpapier ein Bild, das seitenverkehrt ist und außerdem noch auf dem Kopf steht. Dummerweise konnte man das Lichtbild nur betrachten und noch nicht aufzeichnen, schließlich gab es damals kein Fotopapier. Bis dahin war es noch ein weiter Weg. Ein findiger Tüftler kam dann auf die Idee, lichtempfindliche Silbersalze in Gelatine aus Rinderknochen einzurühren und diese Masse, im Dunkeln natürlich, auf einer Glasplatte gleichmäßig zu verteilen.

Mit dieser Kamera fotografierte der Franzose Louis Daguerre vor fast 200 Jahren.

Beim Fotografieren fiel jetzt das Licht auf die Glasplatte und wirkte auf die Silbersalze. Wenn man die fotografische Platte nun in eine chemische Flüssigkeit tauchte, wurde ein Abbild des Fotografierten sichtbar. Allerdings war alles irgendwie verkehrt herum, denn alles Dunkle war hell und alles Helle dunkel. Wenn man die Glasplatte aber auf ein spezielles Papier legte, gab es einen Abzug, bei dem alles wieder richtig war: Das Helle hell und das Dunkle dunkel. Bis das allerdings perfekt klappte, mussten viele Leute viele Versuche machen. Die Fotografie wurde also nicht von einer Person erfunden, sondern von vielen.

Die Schwierigkeit, ein Foto aufs Papier zu bannen

Da die Fotoplatten längst nicht
so lichtempfindlich waren
wie die Filme, die wir heute
verwenden, und durch
das kleine Loch auch
nur wenig Licht auf die
Platte fiel, waren die

Belichtungszeiten

(also die Zeit, bis sich
die Silbersalze so ver-
änderten, dass sie in der
Flüssigkeit ein Abbild des Fotografierten formten) mehrere Minuten lang.
Um auch schnell bewegte Dinge fotografieren zu können, brauchte man statt
des winzigen Lochs ein Objektiv.
Darunter versteht man eine oder mehrere geschliffene Linsen,
die das Licht bündeln und sehr, sehr hell machen.

**Vor etwa 100 Jahren
waren Fotoapparate
noch ziemlich unhandlich.
Immerhin konnte man
sie wie eine Ziehharmonika
zusammendrücken und
so besser transportieren.**

Moderne Fotoapparate sind im Vergleich zu den ersten Kameras bedeutend kleiner. In ihnen befindet sich eine Menge
Elektronik, die dem Fotografen viel Arbeit abnimmt und für
scharfe und gut belichtete Bilder sorgt. Besondere Objektive
können entfernte Motive heranholen (Teleobjektive) oder
große Motive aus geringer Entfernung abbilden (Weitwinkel-
objektive). Der Fotograf blickt nicht mehr wie früher
von oben auf die zu belichtende Fotoplatte, sondern hält die
Kamera vors Auge und schaut durch einen Sucher.

Mehr und mehr werden **Digitalkameras** benutzt. Sie funktionieren im Prinzip immer noch so wie die Fotoapparate vor über 150 Jahren, aber sie brauchen keine Fotoplatte und auch keinen Film mehr. Sie sind viel leichter und kleiner und passen problemlos in die Jackentasche.

In diesen Kameras sitzt eine Menge Technik, untergebracht auf kleinen Chips. Ein Chip mit lichtempfindlichen Zellen leitet das Bild an einen Speicher weiter, und statt im Fotolabor landen die Bilder zur Weiterbearbeitung auf dem Computer. Aber da erzähle ich euch nichts Neues, wahrscheinlich habt ihr alle schon einmal ein Handy mit eingebauter Digitalkamera gesehen.

Ein Chip ersetzt den Film.

Klein, handlich, leistungsstark: Mit einer Digitalkamera kann man nicht nur fotografieren, sondern auch kurze Filme drehen.

Das ist aber nur die technische Seite der Fotografie. Mit modernen Kameras kann heute jeder ein Bild machen, was aber ist **ein gutes Bild**? Die meisten Bilder von den vielen Millionen, die jeden Tag entstehen, landen irgendwo in der Schublade oder auf der Festplatte eines Computers. Meist sind es festgehaltene **Erinnerungen** an Familienfeste, Hochzeiten und Reisen. Solche Fotos sind wichtig, denn sonst wisst ihr in

20 oder 30 Jahren zum Beispiel nicht mehr, wie ihr als Kind ausgesehen habt. Es gibt aber auch Bilder, die uns nachdenklich machen, uns **traurig oder fröhlich** stimmen. Manche Fotografen haben gelernt, mit dem Licht zu zaubern. Wenn ihre Bilder uns **verzaubern**, dann ist Fotografie mehr als nur das Festhalten eines Augenblicks, dann ist sie Kunst.

Ein gutes Bild? Jedenfalls ist dies die erste Fotografie, die in Deutschland entstanden ist. Sie zeigt die Münchner Frauenkirche – natürlich noch in Schwarz-Weiß.

Was ist ein gutes Bild?

Tausche Ziege gegen Hammer

Getauscht haben die Menschen wohl schon immer. Muscheln gegen Speckschwarten, Weizen gegen eine Ziege oder einen tollen Faustkeil gegen **ein warmes Bärenfell**. So etwas kann allerdings auch recht mühsam sein. Stellt euch vor, ihr seid ein Kartoffelbauer und braucht einen neuen Traktor. Ihr ladet also tonnenweise Kartoffeln auf euren Anhänger, zieht ihn **schwitzend** zum Traktorenhändler und tauscht sie gegen einen Traktor ein. Nachdem ihr weg seid, bringt der Händler die Kartoffeln zu einem Bauunternehmer, weil er einen Anbau an seinem Haus bezahlen muss. Doch spätestens wenn der Bauunternehmer die vielen Tonnen Kartoffeln erst ein paar Monate später gegen etwas anderes **tauschen** möchte, gibt es Probleme: Er muss Tausende von Kartoffeln, die eine Menge Platz wegnehmen, irgendwo lagern und frisch halten.

Wie schön wäre es jetzt, ein Tauschmittel zu haben, das handlich ist, von jedem angenommen wird und nicht verdirbt. Ein solches Tauschmittel ist Geld.

Das erste Geld vor 2700 Jahren waren Münzen. Papiergeld kannte man noch nicht. Die **Münzen** waren **aus Gold** oder Silber und auf Vorder- und Rückseite mit Bildern von Tieren, Göttern oder wichtigen Persönlichkeiten versehen, die mit einem Prägestempel hineingedrückt wurden. Zunächst waren die Leute dem Geld gegenüber sehr skeptisch, denn sie verstanden nicht so recht, warum zum Beispiel ein Schwein das Gleiche wert sein sollte wie zwei Goldstücke. Doch im Laufe der Zeit gewöhnten sich die Menschen sogar daran, mit Münzen zu **bezahlen**, auf denen ein festgelegter Wert stand.

Es gab jedoch nicht nur Münzgeld. Auf den Inseln der Südsee zahlte man zum Beispiel mit den Gehäusen von Kaurischnecken.

Zunächst mochten die Menschen Geld nicht.

Für einen Kaufmann war es früher ziemlich gefährlich, mit einem Sack voller Gold und Silbermünzen durch die Gegend zu fahren, um Vieh, Wein oder Getreide einzukaufen. In den Wäldern **raubten** finstere Gesellen die Durchreisenden aus, und auf den Märkten der Städte gab es geschickte Diebe, die mit einem kleinen Messer unbemerkt den Geldbeutel vom Gürtel schnitten.

Da ziemlich viele Münzen in die Hände von Gaunern gerieten, hatte eines Tages jemand eine pfiffige Idee: Es wäre doch viel besser – so überlegte er –, Gold und Silber an einem sicheren Ort liegen zu lassen und stattdessen auf ein Stück Pergament zu schreiben, dass dieses Pergament zum Beispiel **100 Goldstücke wert** sei. Der Eigentümer dieses Pergaments konnte sich die Goldstücke jederzeit an einem bestimmten Ort abholen. Das war die Geburtsstunde der Banken. Doch wehe, wenn an der angegebenen Adresse nicht genug Gold war, um den Schein einzulösen. Dann drohten schlimme Strafen.

Viele Jahre haben die Staaten, die nach und nach begannen, Geldscheine auszugeben, sich an diese Regel gehalten. Zum Beispiel lagerte im amerikanischen **Fort Knox** für jeden Dollarschein, den es auf der Welt gab, die Menge Gold, die dem aufgedruckten Wert entsprach.

Mittlerweile jedoch ist das nicht mehr so. Und da stellt sich die Frage, was denn ein Geldschein überhaupt wert ist. Im Prinzip nichts, denn er besteht aus Baumwollpapier und Farbe und soll das An- und Verkaufen von Waren erleichtern. Solange es genügend Waren gibt, klappt die Sache mit dem **Papiergeld** recht gut. Wenn du dein Geld aber nur noch gegen Gold eintauschen könntest, dann würde es dir gehen wie einst dem König Midas. Der Legende nach soll er vor vielen Tausend Jahren in Asien gelebt haben. Wie das im Märchen so ist, hatte der König bei einem Geist einen Wunsch frei. Er wünschte sich, dass alles, was er berührte, sofort zu Gold würde. Das war ein **Fehler**: Zwar wurde Midas steinreich, doch er verhungerte, weil sich ja auch jedes Stück Brot in Gold verwandelte.

Ein Geldschein ist eigentlich nichts wert.

Mensch gegen Ameise

Das Gewicht aller Menschen, die auf der Erde leben, lässt sich ungefähr ausrechnen. Im Moment sind wir so an die 6,7 Milliarden. Manche davon sind dick, andere dünn, manche groß, andere klein. Geht man mal davon aus, dass der Durchschnittsmensch 50 Kilo wiegt, kommt man auf stolze **335 000 000 Tonnen**, die wir alle zusammen auf die Waage bringen.

Bei den Ameisen ist die Sache allerdings bedeutend schwieriger, denn deren Zahl kann man nicht zählen, sondern muss sie **schätzen**. Die Schätzungen schwanken jedoch ziemlich stark, und zwar zwischen 1 Billion (das ist eine Eins mit zwölf Nullen) und 100 Millionen Tieren (eine Eins mit acht Nullen). Nehmen wir die Mitte, also 50 Milliarden (eine Fünf mit zehn Nullen), dann kämen die Krabbeltiere zusammen auf ein ungefähres Gewicht von 50 000 000 Tonnen.

Ein klarer Sieg für die Menschheit! Aber doch nur eine Momentaufnahme. Schließlich weiß keiner, ob die Ameisenanzahl tatsächlich stimmt.

Wofür braucht man Grenzen?

Wenn ich heute nach Berlin fahre, werde ich jedes Mal daran erinnert, dass es zwischen 1949 und 1989 eine Grenze zwischen dem Westen und dem Osten Deutschlands gab. Ich komme an der Autobahn an Schildern vorbei, die an den früheren **Grenzübergang** Marienborn erinnern. Und jedes Mal, wenn ich diese Schilder sehe, denke ich: „Wie gut, dass es diese Grenze nicht mehr gibt."

In Europa gibt es zwischen vielen Ländern keine Grenzkontrollen mehr. Die Häuschen der Grenzbeamten stehen leer.

Man musste dort lange warten, und das Auto wurde in grellem **Scheinwerferlicht** genauestens untersucht, ob sich womöglich jemand darin oder darunter versteckte. Schließlich sollte niemand über die Grenze kommen, der das nicht durfte. Anschließend verlangten die Grenzbeamten die Ausweise. Nun musste man lange warten, bis ein meist **grimmig** blickender Soldat ans Auto trat und jeden nach dem Namen fragte. Dann griff er sich den entsprechenden Ausweis und überprüfte, ob das Bild darin mit der zugehörigen Person übereinstimmte.

Dabei ging der Blick ein paar Mal hin und her und ich habe
mich immer ganz schön unwohl gefühlt, bis ich endlich
weiterfahren durfte.

Für die Menschen, die auf der anderen Seite
der deutsch-deutschen Grenze lebten, war es
noch viel schlimmer, denn sie durften die
Grenze viele Jahre lang **nur selten** über-
treten. Zum Glück sind diese Zeiten vorbei.

Zwischen allen Ländern sind Grenzen gezogen.

Wenn ihr heute mit euren Eltern in Europa
unterwegs seid, dann gibt es kaum noch **Kontrollen**
an den Grenzen. Das haben die Länder miteinander ver-
einbart. Dennoch sind zwischen allen Ländern Grenzen
gezogen, denn jedem Land gehört ein bestimmtes
Gebiet. Daran grenzen die Gebiete anderer Länder an.
Das kannst du sehr gut in einem Atlas sehen. In vielen
Regionen außerhalb Europas werden die Grenzen
noch streng kontrolliert, denn manche Länder wollen
genau wissen, wen und was sie auf ihr Gebiet lassen.

Grenzen gibt es schon sehr lange. Und warum? Weil sie den Menschen ein Gefühl von **Sicherheit** und Zugehörigkeit geben. Innerhalb der Grenzen stellen die, die das Land regieren, die Regeln auf, nach denen sie leben wollen. Im Nachbarland können ganz andere Regeln gelten.

Grenzen geben ein Gefühl von Sicherheit und Zugehörigkeit.

Übrigens verlaufen Grenzen nicht nur zwischen Ländern, sondern zum Beispiel auch zwischen Grundstücken. Dann bildet vielleicht ein **Zaun** diese Grenze. Und man verwendet den Begriff auch in einem übertragenen Sinn, wenn man sagt, dass man bestimmte Grenzen nicht überschreiten darf. Damit ist gemeint, dass man zum Beispiel andere nicht schlagen darf und das Eigentum anderer achten soll. Sonst würde das Zusammenleben der Menschen nicht funktionieren.

Allerdings finde ich, dass es nur solche Grenzen geben sollte, die wirklich **sinnvoll** und wichtig sind. Und damit meine ich die Grenzen zwischen Ländern genauso wie die im Verhalten von Menschen untereinander.

Fressen Haie Menschen?

So vor 400 Millionen Jahren, schwammen schon gefährliche Jäger durch die Ozeane. Lange Zeit bevor die Saurier auftauchten und unvorstellbar lang bevor unsere Vorfahren durch die Steppe und die Wälder streiften, gab es sie schon, die Haie.

Eine Tierart, die eine so lange Zeit überdauert, muss bestens in unserer Welt zurechtkommen. Viele Tausend andere Arten, die Saurier zum Beispiel, sind längst ausgestorben. Die Haie müssen also etwas ganz Besonderes sein.

Was aber macht aus dem **Räuber** der Meere diesen ganz besonderen Fisch? Wenn ein Taucher im Meer einen Hai entdeckt, merkt er sofort, wie unglaublich schnell dieses Tier schwimmen kann. Kaum hat sich der Taucher mit der Kamera nahe genug herangetraut, um ein gutes Foto zu schießen, schlägt der Hai ein- oder zweimal mit der **Schwanzflosse** und verschwindet wie der Blitz in der Weite des Meeres.

Diese enorme Geschwindigkeit verdankt er nicht nur seiner starken Muskulatur, sondern auch seiner Haut. Wo andere Fische Schuppen haben, hat der Hai winzige Stacheln. Seine Haut fühlt sich an wie **Schleifpapier**. Früher wurde die Haut deshalb tatsächlich zum Schleifen von Holz benutzt. Heute bekommen Schiffe oft an dem Teil des Rumpfes, der unter Wasser liegt, einen rauen Anstrich. Er verringert den Wasserwiderstand während der Fahrt und spart Treibstoff. Das haben Wissenschaftler herausgefunden, die wissen wollten, warum die Haie so schnell sind.

Auf jeden Fall werden mehr Haie vo

Haie können außerdem **prima riechen**. Wenn ein Fisch verletzt ist und so zur leichten Beute wird, nehmen Haie sein Blut schon aus großer Entfernung wahr. Es kann noch so fein im Wasser verteilt sein. Der **Blutgeruch** weckt

die Fressgier der Haie und sie stürzen sich auf die leichte Beute. Einige Sporttaucher, die mit Harpunen unter Wasser Fische jagten, sind deshalb von Haien angegriffen worden. Hat der

Taucher den harpunierten Fisch am Gürtel hängen, kann der Hai nicht unterscheiden, ob das Blut im Wasser von dem toten Fisch oder vom Taucher stammt. Er reißt seinen Rachen auf und beißt zu!

Haie können ihr Maul so weit aufreißen, dass sie im Moment des Angriffs nichts mehr sehen. Aber das Sehen ist für sie nicht so wichtig, denn sie haben auf beiden Körperseiten ein ganz spezielles Organ. Damit sind sie in der Lage, schwache **elektrische Ströme** zu fühlen. Da jeder Muskel, der sich bewegt, eine winzige elektrische **Spannung** erzeugt, genügt dem Hai schon der Herzschlag seiner Beute, um sie auch in absoluter Dunkelheit aufzuspüren.

Menschen verspeist als umgekehrt.

Mit den spitzen Zähnen eines Hais möchte wohl niemand Bekanntschaft machen. Sie wachsen übrigens das ganze Leben lang nach.

Wenn ihr einmal im Meer schwimmen wollt, müsst ihr euch um die Haie keine allzu großen **Sorgen** machen. Nahe an der Küste leben – wenn überhaupt – nur kleinere Haie, die Menschen nicht angreifen. Von den ungefähr 500 bekannten Haiarten sind nur wenige richtig gefährlich. Die halten sich aber normalerweise nicht an der Küste auf. An Badestränden, an denen man trotzdem mit Haiangriffen rechnen muss, zum Beispiel in Australien, gibt es Wächter, die Alarm schlagen, sobald ein Hai in Sicht kommt. Zudem sperren Netze den Schwimmbereich ab.

Auf jeden Fall werden mehr Haie von Menschen verspeist als umgekehrt – jährlich sterben etwa zehn Menschen bei Haiangriffen, jede Sekunde aber werden drei Haie **getötet**. Einige Haiarten sind durch die Fischerei vom Aussterben bedroht. Besonders in Asien gilt Haifischfleisch als Delikatesse und ihm werden heilende Kräfte nachgesagt. Kaum zu glauben, dass Tiere, die seit unendlich langer Zeit unsere Meere bewohnen, durch den Menschen ausgerottet werden könnten.

Wo andere Fische Schuppen haben, hat der Hai winzige Stacheln.

Wer war zuerst da?

Eine Frage, über die man prima streiten kann

Gläubige Christen haben es mit der Antwort einfach. Sie schauen in die Bibel. Da steht im Alten Testament klipp und klar: „Am vierten Tag schuf Gott die Vögel unter dem Himmel." Also war, ganz klar, das Huhn zuerst da – auch wenn von Eiern **nicht die Rede** ist.

Naturwissenschaftler sehen das jedoch ganz anders. Sie glauben, dass sich die Vögel aus den **Sauriern** entwickelt haben. Irgendwann hat dann ein Weibchen, das kein Vogel war, ein Ei gelegt. Daraus schlüpfte ein Vogel. Und im Laufe der Zeit entwickelte sich auch das Huhn, das als Küken aus einem Ei schlüpfte. Also war das Ei zuerst da!

Vielleicht war es aber auch **ganz anders**. Auf jeden Fall kann man über diese Frage prima streiten.

Wie kam der Hund zum Menschen?

Wenn du durch einen Park gehst oder einfach nur die Straße entlangschlenderst, wird dir bestimmt ein Hund begegnen, der mit Herrchen oder Frauchen „Gassi" geht. Hast du dir dann schon einmal die Frage gestellt, wie wohl **der erste Hund** zum Menschen oder der Mensch zum Hund gekommen ist? Wenn du jetzt eine eindeutige Antwort erwartest, muss ich dich enttäuschen. Es steht nämlich nur fest, dass sich Mensch und Hund bereits in der Steinzeit einander angenähert haben. Vielleicht haben die Menschen einen **Wolfswelpen** aufgezogen und ihn irgendwann mit auf die Jagd genommen. Mit seinem hervorragenden Geruchssinn könnte der erste zahme Wolf den Menschen der Steinzeit beim Aufspüren von Tieren eine große Hilfe gewesen sein. Doch ein Wolf bleibt immer ein Wolf. Irgendwann will er **Rudelführer** werden und beißt zu. Wenn er mit Menschen zusammenlebt, kommt es zu den gleichen Rangkämpfen wie in einem Wolfsrudel.

Mensc

Nur zu gern wollten sich die Menschen die über-
ragenden Fähigkeiten des Wolfs als Schutztier
und **Jagdgenossen** auf Dauer zunutze
machen. Damit sie keine Angst haben mussten,
dass ihnen der tägliche Begleiter eines Tages
mit gefletschten Zähnen an die Gurgel springt,
begannen die Menschen, die Tiere zu züchten,
das heißt, darauf zu achten, dass bestimmte
Eigenschaften weitervererbt werden. Was dabei
herausgekommen ist, sehen wir heute auf
unseren Straßen. Vom Dackel bis zum Schäfer-
hund, vom Rehpinscher bis zum Riesenschnau-
zer, von der Promenadenmischung bis zum
Königspudel – alle diese Hunde stammen vom
Canis lupus lupus ab, vom grauen Wolf.

Der Urahn aller Hunde ist der
Wolf. Bei manchen Hunden,
etwa den Schäferhunden, ist das
noch heute ganz gut zu sehen.

Jagdhund war sicher der erste „Beruf" der Hunde.
Heute sind sie in vielen weiteren Berufen tätig. Hunde
schnüffeln im Dienst der Polizei nach Rauschgift
und Sprengstoff. Sie bewachen und beschützen, sie werden
zu Rettungshunden ausgebildet, um Verschüttete unter
Lawinen aufzuspüren oder bei Erdbebenkatastrophen das
Leben von Menschen zu retten, die ohne **die feinen
Nasen** der Vierbeiner niemand finden würde.

...d Hund kennen sich seit der Steinzeit.

Besonders beeindruckend ist die
Arbeit, die Blindenführhunde leisten.
Solch ein „tierischer Helfer" hat
eine lange Ausbildung hinter sich.
Er ist in einer **Schule** auf seine
Aufgabe vorbereitet worden und
übt dann noch einige Wochen mit
seinem sehbehinderten Herrchen
oder Frauchen unter Anleitung
des Hundetrainers. Anschließend
sorgt der Hund allein dafür, dass
sich sein Besitzer orientieren kann.

Übrigens, einer der ältesten
Knochenfunde eines Hundes
wurde in Oberkassel, einem
Vorort von **Bonn**, in einem
Steinbruch gemacht. Neben

Helfer und Freund: Ein Blinden-
führhund gibt blinden Menschen
Sicherheit, wenn sie sich in einer
Umgebung orientieren müssen,
die für sie ungewohnt ist.

den Skeletten zweier Menschen, die in der Steinzeit beerdigt
worden waren, stieß man auf den Kiefer eines Hundes.
Die Beisetzung fand vor mehr als 13 000 Jahren statt. Mindestens **so lange** also ist
der Hund schon der Begleiter des
Menschen und damit das mit
Abstand älteste unserer Haustiere.

Lange Ausbildung
für „tierische Helfer"

Was Bäume mit dem Wetter zu tun haben

Habt ihr schon einmal versucht, euch daran zu erinnern, wie der Sommer vor zwei oder drei Jahren war? Hat es ununterbrochen geregnet? War es kalt oder heiß? Nun, wenn nicht etwas ganz Außergewöhnliches passiert ist, dann geht es euch vermutlich wie mir, denn ich erinnere mich nicht mehr.

Eine Antwort können euch jedoch Bäume geben. Die merken sich das Wetter zwar nicht, aber sie zeichnen es auf. An ihren Jahresringen kann man sehen, ob es gut oder schlecht gewesen ist. Gutes, ausgewogenes Klima gefällt den Bäumen, denn dann bilden sie einen dickeren Jahresring als in Jahren, in denen Dürre herrscht oder es ununterbrochen regnet.

Einige Forscher glauben, dass nicht das Klima, sondern die kosmische Strahlung (Strahlen aus dem Weltall, die auf die Erde treffen), das Wachstum der Jahresringe bestimmen.

Mithilfe der Jahresringe kann man auch das Alter eines Baumes ermitteln – und weit zurück in die Zeit schauen. Das geht so: Man sieht sich zunächst die Jahresringe eines Baumes an, der vor ein paar Tagen gefällt worden ist. Nehmen wir einmal an, er ist 100 Jahre alt, dann hat er 100 Ringe. Nun vergleicht man die Jahresringe mit denen eines Baumes, der vor 80 Jahren in der gleichen Gegend gefällt wurde. Dessen letzte 20 Jahresringe müssten die gleichen Stärken aufweisen wie die ersten zwanzig

unseres 100-jährigen Baumes, denn genau 20 Jahre lang wuchsen die Bäume ja parallel. Nun wird nach einem noch älteren Stück Holz gesucht und geprüft, wo sich die Ringe überlappen.

Wenn der Baum zum Beispiel 90 Ringe hat und 30 mit denen des 80-jährigen Baumes übereinstimmen, muss er schon 60 Jahre früher als dieser gelebt haben. Das ist zwar eine ziemliche Rechnerei,

Die Baumringe sind gut zu erkennen. Jetzt müssen sie nur noch gezählt werden, dann weiß man, wie alt der Baum ist.

aber auf diese Weise kommt man Stück für Stück voran und landet irgendwann, so 14 000 Jahresringe früher, mitten in der Steinzeit. Denn die Menschen haben schon in der Steinzeit Hütten aus gefällten Bäumen gebaut. Die werden manchmal gefunden und so kann man auch Rückschlüsse auf das Wetter in der Steinzeit ziehen.

Ganz schön mühsam, das Zählen der Jahresringe!

Was Bäume
mit dem Wetter
zu tun haben

85

Ganz so einfach ist die Untersuchung des Baumalters allerdings nicht. Denn nicht überall auf der Welt herrschen die gleichen Wachstumsbedingungen, außerdem sind manche Bäume krank oder ihr **Baumnachbar** nimmt ihnen Licht und Wasser weg. Vielleicht sind die einen Bäume von Schädlingen befallen und die anderen nicht. Wenn man genau sein will, muss man also zunächst eine ganze Menge Bäume aus einem bestimmten Gebiet untersuchen und dann aus der Stärke der Ringe einen Mittelwert bilden. Solche **Kurven** werden an Universitäten erstellt (zum Beispiel in Stuttgart) und mit ihrer Hilfe kann man dann nachsehen, wie alt die Balken sind, die in einer mittelalterlichen Kirche der Stadt verbaut wurden. Ganz genau weiß man dann allerdings nur das Alter des Balkens, denn der kann ja auch jahrelang herumgelegen haben, bevor er gebraucht wurde.

Ein ganz besonderes Naturschauspiel ist ein versteinerter Wald. Im Stein bleiben die Strukturen bestens erhalten.

Was Bäume
mit dem Wetter
zu tun haben

86

Die Wissenschaftler, die Jahresringe zählen, um nachfor-
schen zu können, wie alt das Holz ist, mit dem eine
römische Villa oder ein steinzeitlicher Pfahlbau errichtet
wurden, nennt man Dendrochronologen. Der Zungen-
brecher **Dendrochronologie** setzt sich aus drei
griechischen Wörtern zusammen – aus dendron für
Baum, chronos für Zeit und logos für Lehre.

Natürlich kann man mit der Methode auch nachprüfen, wie
alt ein auf Holz gemaltes Bild ist. Vielleicht stellt man dabei sogar

Keine Chance für Fälscher

fest, dass der Maler schon tot war, als der
Baum gefällt wurde, auf dessen Holz er gemalt
haben soll. Dann hat man mithilfe der
Dendrochronologie eine **Fälschung**
entdeckt.

Viele Katzen = wenig Mäuse

Hast du zu Hause eine Katze? Wenn nicht, dann hat bestimmt der eine oder andere Schulkamerad eine. Schließlich ist die Katze **das am weitesten verbreitete** Haustier, das nicht als Nutztier gehalten wird.

> Die Freundschaft zwischen Mensch und Katze ist schon mehr als 9000 Jahre alt. Bei Ausgrabungen wurden in alten Gräbern Knochenreste von Katzen entdeckt. Wahrscheinlich begann die Annäherung zwischen Mensch und Katze damit, dass die nordafrikanische **Wildkatze** sich in der Nähe von steinzeitlichen Siedlungen herumtrieb, um in den Abfällen nach Nahrungsresten zu suchen.

Vor etwa 6000 Jahren machten die alten Ägypter die Katze dann zum Haustier. Das hatte für die Menschen eine Reihe von **Vorteilen**.

Bei den Ägyptern gab es eine Katzengöttin.

In den Kornspeichern, in denen Getreide lagerte, trieben Ratten und Mäuse ihr Unwesen, denn hier fanden sie Futter im Übermaß. Sie fraßen nicht nur große Mengen von dem Getreide, sondern verunreinigten die Vorräte mit ihrem Kot, was bei Menschen schlimme Krankheiten auslöste. Da kamen die Katzen gerade recht, denn sie machten nur allzu gerne **Jagd** auf die Nager. Eine Katze fängt locker mehr als ein Dutzend Mäuse pro Nacht, denn sie hat einen angeborenen Jagdtrieb. Die Techniken der nächtlichen Beutezüge lernen die kleinen Kätzchen von ihrer Mutter.

Die Ägypter waren über die Hilfe der Katzen so erfreut, dass sie ihren Göttinnen und Göttern eine weitere **Gottheit** hinzufügten: die Katzengöttin Bastet. Sie wurde oft als kleine Katze mit Löwenkopf oder weibliche Gestalt mit **Katzenkopf** dargestellt und stand zum Beispiel für Fröhlichkeit, Anmut und Schönheit. Viele Menschen ließen sich auch gemeinsam mit ihrer Katze beerdigen.

Eine Göttin in Katzengestalt: Bastet. Sie wurde von den Ägyptern unter anderem als Göttin der Liebe und der Freude verehrt.

Was macht die Katze eigentlich zu einer so guten Jägerin?
Das sind gleich mehrere Dinge: Für die **nächtliche Jagd**
hat Mutter Natur sie mit ganz besonderen Augen ausgestattet,
mit denen sie bei Dunkelheit noch besser sehen kann. Außerdem
hören Katzen sehr gut, vor allem die hohen
Piepstöne der Mäuse. Mit ihren empfindlichen
Vorderpfoten spüren Katzen sogar die
Erschütterungen, die Mäuse beim Laufen
erzeugen. Auch die **Barthaare** sind
empfindliche Tastorgane. Mit ihnen stellt die
Katze fest, ob eine Öffnung breit genug
zum Durchschlüpfen ist. Katzen können ihre
Krallen beim Laufen einziehen, dadurch
bleiben sie scharf. Außerdem habt ihr sicher
schon gesehen, dass Katzen ihre Krallen
an einem **Kratzbaum**, mitunter aber
auch an teuren Teppichen, Möbelstücken oder der Tapete
wetzen. Wenn die Katze ihre Beute dann gepackt hat, kommen
ihre **30 scharfen Zähne** zum Einsatz.

Perfekt ausgestattet für die nächtliche Jagd

Brüllen wie Löwen oder andere Raubkatzen können Hauskatzen übrigens nicht. Dafür **miauen** sie, wenn sie
gefüttert oder gestreichelt werden wollen. Wildkatzen hingegen miauen nur, solange sie bei ihrer Mutter sind.
Vermutlich sind die Hauskatzen schlau und haben gemerkt,
dass die Menschen, die mit ihnen die Wohnung teilen, sie
füttern oder streicheln, wenn sie nur genug maunzen. Zum
Dank für das Futter und die Zuwendung wird geschnurrt.
Das heißt: „Ich mag dich." Hauskatzen werden im Allgemeinen zwölf bis 15 Jahre alt. Allerdings **verschlafen**
sie die meiste Zeit
ihres Lebens: 16 Stunden
oder mehr pro Tag
dösen sie.

Bekommen nur Kinder Kinderkrankheiten?

Ich kann mich noch gut an meine Kindheit erinnern, als ich eines Tages mit so komischen roten Bläschen auf der Haut aufgewacht bin und mich **kräftig kratzen** musste, weil die Dinger so gejuckt haben. Im Laufe des Tages wurden es immer mehr, ich bekam Fieber und musste ins Bett. Ich hatte Windpocken!

Windpocken gehören ebenso wie Masern, Mumps, Keuchhusten, Röteln und Scharlach zu den Krankheiten, die ganz besonders häufig Kinder bekommen. Deshalb heißen sie auch „Kinderkrankheiten". Sie werden über Tröpfcheninfektionen übertragen, also zum Beispiel beim Husten oder Niesen, und man kann sich ganz **leicht anstecken**. Das ist gar nicht mal so schlecht, denn dann kann der Körper sogenannte Antikörper bilden, die die Krankheit bekämpfen und vernichten. Und er bildet so viele **Antikörper**, dass sie uns meist ein Leben lang davor schützen, noch einmal mit genau dieser Kinderkrankheit im Bett zu liegen.

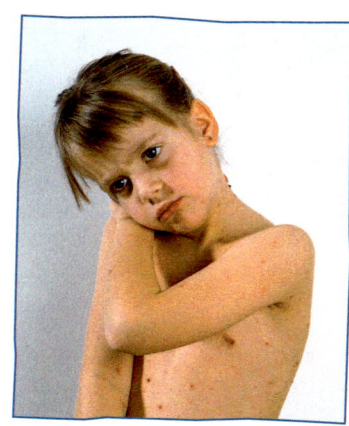

Dieses Mädchen hat eine klassische Kinderkrankheit: Windpocken. Typisches Kennzeichen sind die roten Pusteln auf dem Körper.

92

Natürlich schützen zum Beispiel Masern-Antikörper nicht gegen Mumps oder Scharlach. Das tun nur die Antikörper, die während der gleichen Krankheit entstehen. Und nicht jeder Mensch bekommt alle Kinderkrankheiten – von manchen bleibt man verschont, gegen andere kann man sich impfen lassen.

Es ist gar nicht mal so schlecht, Kinderkrankheiten zu bekommen.

Wer eine bestimmte Kinderkrankheit – zum Beispiel Mumps – nicht gehabt hat, der ist nicht davor geschützt. Deshalb können **auch Erwachsene** eine Kinderkrankheit bekommen. Sie haben jedoch meist stärker darunter zu leiden und hätten sich gewünscht, diese Krankheit lieber als Kind ausgestanden zu haben.

Mumps ist übrigens nicht nur eine unangenehme Krankheit, weil dabei das Gesicht **anschwillt** und das Kauen und Schlucken wehtut, sondern auch eine Erkrankung, für die es viele lustige Namen gibt. Auf das geschwollene Gesicht spielen Bezeichnungen wie „Schafskopf" und „Saurüsselkrankheit" an, Namen wie „Ohrenpinkel", „Ohrapfel", „Ohrwatsche" beziehen sich auf das Ohr, wo die Entzündung beginnt. Und da die Schwellung einem ein dümmliches Aussehen verleiht, heißt diese Kinderkrankheit auch **„Ziegenpeter"**, was nichts anderes heißen soll, als dass man so aussieht, als würde man allenfalls zum Ziegenhüten taugen.

Warum macht Wasser beim Kochen Geräusche?

Bestimmt hast du schon einmal das blubbernde Geräusch gehört, das Wasser macht, wenn es kocht. Was passiert da eigentlich? Wenn man einen Topf mit Wasser füllt und auf den heißen Herd stellt, erhitzt sich das Wasser am Boden des Topfes zuerst. Dabei entstehen **Dampfblasen**. Das ist Wasser in Gasform. Allerdings kannst du dieses Gas nicht sehen – ganz im Gegensatz zu dem Dampf, der aus dem heißen Wasser nach oben steigt.

Im Topf steigen die Blasen auf und werden weiter oben vom kalten Wasser abgekühlt. Sie fallen **schlagartig** in sich zusammen und werden wieder zu flüssigem Wasser. Dabei entsteht ein rauschendes Geräusch.

Das Wasser wird allmählich so heiß, dass die Blasen bis zur Oberfläche kommen, bevor sie **zerplatzen**. Auch das kann man hören, es ist aber viel leiser. Wenn schließlich alles Wasser kocht und verdampft, beginnt es ordentlich zu blubbern und zu brodeln. Jetzt heißt es, die Herdplatte auf eine kleinere Stufe zu stellen, sonst brodelt das Wasser viel zu lange – und ist weg!

Wasser kocht, blubbert, brodelt – und verdampft.

Warum gibt es Massen- tierhaltung?

Schon vor vielen Tausend Jahren waren es die Menschen leid, ständig auf die Jagd zu gehen und mit Pfeil und Bogen auf essbare Tiere zu schießen. Sie begannen, sogenannte **Nutztiere** zu halten: zum Beispiel Schafe, deren Wolle sie zu Kleidung verarbeiten konnten, Ziegen und Kühe, deren Milch sie tranken, Schweine und Rinder, deren Fleisch sie aßen, und Hühner, die Eier legten.

Im Laufe der Zeit entstanden größere Siedlungen, Dörfer und schließlich Städte. Bauern lieferten Fleisch, Milch und Eier. Da **immer mehr** Menschen auf der Erde lebten, hatten die Bauern bald Schwierigkeiten, die benötigten Mengen an Nahrungsmitteln zu liefern. Ein paar Kühe auf der Wiese und einige Hühner im Hof reichten da nicht mehr aus. Also wurde nach neuen Möglichkeiten gesucht, möglichst viele Tiere zu halten, und es entstand die sogenannte Massentier- haltung. Das Wort klingt **nicht besonders gut**, bringt die Sache aber auf den Punkt: Immer mehr Tiere wur- den auf immer engerem Raum gehalten, aus Bauernhöfen wurden Fabriken, in denen zum Beispiel Zehntausende von Hühnern in winzig kleinen Käfigen eingepfercht sind und Eier „produzieren". Viele Schweineställe sind mittlerweile **riesige Hallen** mit weit über tausend Schweinen, und ein Kuhbauer hat so viele Milchkühe, dass sie nach einem genauen Zeitplan von Melkmaschinen gemolken werden.

Für die Tiere ist das alles andere als schön, zumal in manchen Fällen die Massentierhaltung in **Tierquälerei** ausartet. Die Tiere haben kaum Platz zum Bewegen (von Auslauf ganz zu schweigen) und sehen häufig auf dem Weg zum Schlachthof das erste Mal das Tageslicht. Dass sie unter solchen Lebensbedingungen oft krank werden, ist kein Wunder. Häufig bekommen die Tiere alle möglichen Medikamente, und zwar nicht nur gegen Krankheiten, sondern auch, damit sie möglichst schnell möglichst dick werden.

Immer mehr Tiere wurden auf immer engerem Raum gehalten.

Wer möchte hier schon Huhn sein? In der Legebatterie ist es viel zu eng, um sich die Beine zu vertreten oder nach Körnern zu picken.

Ein Bauer kippt Gülle auf seine Felder, damit die Pflanzen gut wachsen und gedeihen. Doch zu viel Gülle ist schädlich für die Umwelt.

Auch für die Umwelt hat die Massentier- haltung böse Folgen. Wo viele Tiere sind, fällt auch viel Mist an. Ein einziges ausgewachsenes Rind produziert pro Tag etwa 40 Kilogramm Kuhfladen, Schweine sind mit bis zu 15 Kilogramm Mist nicht sehr viel zurückhaltender. Hinzu kommt der Mist von Hühnern, Ziegen, Schafen und was wir sonst noch so halten. Natürlich kann man die Ausscheidungen zu Gülle ver- arbeiten und die Felder damit düngen, um die Pflanzen schneller wachsen zu lassen. Doch wenn zu viel gedüngt wird, dringt die Gülle ins Grundwasser und belastet es. Und auch die Gase, welche die Tiere bei der Verdauung abson- dern, sind schädlich für die Umwelt.

Wie wäre es mit Eiern von freilaufende

Die Massentierhaltung bei uns hat eigentlich nur einen Vorteil: Wir können **jeden Tag** Fleisch essen, haben immer Milch und Eier. Dafür müssen Tiere und Umwelt leiden. Was also kann man ändern? Sollen wir alle Vegetarier werden, also ganz **auf Fleisch verzichten?** Das wäre sicherlich kein schlechter Ansatz, allerdings glaube ich, dass nicht allzu viele Menschen mitmachen würden. Also sollten wir weniger Fleisch essen und darauf achten, dass es nicht aus der Massentierhaltung stammt. Und wir sollten nur Eier von frei laufenden Hühnern kaufen.

Tühnern?

Warum leben Menschen in Klöstern?

Vielleicht hast du schon einmal ein Kloster besucht. Dort leben Frauen oder Männer, die ihr Leben allein Gott widmen. Frauen in Klöstern nennt man **Nonnen**, Männer heißen **Mönche**. Der Glaube bestimmt die Regeln in einem Kloster – in einem christlichen Kloster sind es andere als zum Beispiel in einem buddhistischen.

Das Wort „Mönch" kommt vom griechischen „monachos", das wiederum von „monos" (allein) abgeleitet ist. Die ersten Mönche gab es schon lange vor den ersten Klöstern. Die frühen christlichen Mönche zogen sich als Einsiedler in einsame Gegenden zurück, wo sie unter einfachsten Bedingungen zu überleben versuchten. Durch dieses Opfer wollten sie ihrem **Gott näher sein**. Häufig wurden die Einsiedler überfallen und getötet. Um solche Angriffe zu verhindern, schlossen sie sich zusammen und bauten eine gemeinsame Unterkunft und eine Kapelle, ein Kloster. Häufig trugen sie als Kennzeichen eine spezielle Kleidung: eine **Kutte**, die in jedem Kloster eine einheitliche Farbe hatte.

Eines der ältesten Klöster entstand vor knapp 1500 Jahren in Ägypten: das Katharinenkloster, das am Fuße des Gebel Musa, des Mosesbergs, auf der Halbinsel Sinai steht. Nur schmale Tore führen in das Kloster. Hohe Mauern sollen **Eindringlinge** fernhalten. Viele Hundert Jahre lang konnten die Mönche in dieser Wüstenregion in völliger Abgeschiedenheit leben. Inzwischen ist es mit der Ruhe vorbei, denn jedes Jahr besuchen etwa 50 000 Touristen das Kloster.

Im frühen Mittelalter, in den Jahren zwischen 600 und 1000, wurden auch in Europa viele **Klöster** gegründet. Eigentlich lehnen Mönche weltliche Güter ab, denn sie haben sich verpflichtet, in Armut zu leben. Aber das klappte nicht immer. Es gab eine Reihe reicher Leute, die glaubten, wegen ihrer Sünden nach dem Tod in der Hölle schmoren zu müssen. Daher vermachten sie den Mönchen ihren Besitz, damit diese für sie beteten und sie so der Hölle entgingen. So kam es, dass die Klöster **gewaltige Reichtümer** anhäufen konnten. Sie hatten große Flächen Land, auf denen Bauern Ackerbau und Viehzucht betreiben durften, dafür aber Abgaben an die Mönche zahlen mussten.

Das Katharinenkloster in Ägypten wurde nach der heiligen Katharina von Alexandrien benannt, deren Gebeine von einem Engel hierher getragen worden sein sollen.

Die frühen Mönche lebten als Einsiedler fernab der Menschen.

Die Abtei von Fontenay in Frankreich ist ein Zisterzienserkloster. Seine abgelegene Lage an einem Bachtal kam der Lebensweise der Mönche entgegen, die zum Essen Fisch bevorzugten.

Mönche lernten Latein, Schreiben, Lesen und Rechnen. Mit diesen Kenntnissen waren sie den meisten ihrer Zeitgenossen überlegen, denn damals konnten nur wenige Menschen **lesen und schreiben**. Auf Latein konnten sich die Mönche mit ihren Glaubensbrüdern in ganz Europa verständigen. Auch entstanden in den Klöstern Bibliotheken. Zwar war der Buchdruck noch nicht erfunden, doch die Mönche schrieben die **Bücher** von Hand ab.

Je mehr Reichtum die Klöster ansammelten, desto stärker missfiel manchen Mönchen dieses gute Leben. Sie wollten lieber in Armut und **Abgeschiedenheit** beten. Eine Gruppe solcher Mönche sammelte sich um Franz von Assisi, einen besonders frommen Mann, der irdischen Besitz ablehnte. Er gründete den Orden der Franziskaner. Die Mönche in den weißen Kutten machten es sich zur Aufgabe, Kranke und Sterbende zu pflegen. In der damaligen Zeit gab es kaum medizinische Versorgung.

Im Laufe der Zeit wurden die Klöster immer reicher.

Auch bekam niemand eine Rente, von der er im Alter leben konnte. Einzig die Mönche nahmen sich der Armen und Hilflosen an.

Heute gibt es eine Vielzahl verschiedener Mönchsorden. Zu den bekanntesten gehören neben den Franziskanern die Benediktiner. Jeder Orden hat **Ordensregeln**, in denen unter anderem die Ziele der Mönche stehen. So wie die Franziskaner sich verpflichten, den Armen zu helfen, folgen die Benediktiner der Regel „Bete und arbeite" und wollen die **Lehre der Bibel** im Alltag umsetzen. Doch ganz gleich, welche speziellen Regeln der einzelne Mönchsorden auch hat, allen gemein ist das Leben mit und für Gott.

Seit wann ist das Pferd ein Haustier?

Auf den Rücken eines Pferdes stieg ich das erste Mal bei meiner Schwester. Sie lebt seit vielen Jahren auf einem Bauernhof, auf dem es Pferde gibt. Daher weiß ich auch, dass man beim **Reiten** ziemlich aufpassen muss, um nicht herunterzufallen, denn dann bleibt einem zumindest kurzzeitig die Luft weg und man muss genau nachsehen, ob noch alle Knochen heil sind.

Wenn ich diese **stolzen, starken** Tiere betrachte, dann kann ich mir kaum vorstellen, dass sie von einem Tier abstammen, dass die Größe eines Fuchses hatte. Vor Jahrmillionen versteckte sich der Urahn der Pferde **im Unterholz** der urzeitlichen Wälder vor seinen Feinden. Die Zeit der gewaltigen Wälder ging irgendwann zu Ende und an ihre Stelle traten in vielen Teilen der Erde Grasland-schaften. Jetzt hieß es schnell sein, um den Feinden zu entkommen.

Die erste

Die Pferde wurden größer und höher und die Evolution formte im Lauf von Jahrtausenden aus ihren Zehen die Hufe, mit denen sie **pfeilschnell** über das Steppengras galoppieren konnten.

Bis zum **Reittier** war es aber noch ein weiter Weg. Unsere Urahnen ritten noch nicht, sie jagten und verspeisten die Pferde lieber, vorausgesetzt, die schnellen Tiere entkamen ihnen nicht. Vielleicht sahen diese Wildpferde so aus wie die wilden Pferde, die heute in der **Mongolei** leben. Aber genau weiß das keiner. Aus Knochenfunden schließen die Wissenschaftler, dass vor 6000 Jahren in der heutigen Ukraine Pferde als Haustiere gehalten wurden.

Das Przewalskipferd ist das einzige Pferd, dessen Wildform bis heute überlebt hat. Im Vergleich zu den meisten Pferden wirkt es recht gedrungen. Benannt ist das Tier nach seinem Entdecker, dem Russen Nikolai M. Przewalski.

ferde waren nur so groß wie ein Fuchs.

In vielen Gegenden wurden Pferde als Nutztiere gehalten, zum Beispiel als **Last- und Zugtiere**, und auch gezüchtet. So entstanden Pferderassen mit verschiedenen Eigenschaften. Sie mussten Kampfwagen ziehen, Lasten transportieren, Reiter über viele, viele Kilometer tragen und wurden im Krieg eingesetzt – vor allem, nachdem vor 2500 Jahren die Chinesen den **Steigbügel** erfunden hatten. Nun fielen die Reiter nicht mehr so schnell vom Pferd. Bogenschützen lernten, vom Rücken galoppierender Tiere zielsicher zu schießen.

Im Mittelalter gab es gepanzerte Pferde.

Im Mittelalter brauchten Ritter **Schlachtrösser**, die sie und ihre schwere Rüstung tragen konnten. Diese mächtigen Pferde waren selbst auch noch gepanzert. Der Kalif Harun ar-Raschid schenkte Karl dem Großen Araberpferde. Noch heute sind die schnellen Araber, die der Legende nach auf den Hengst des Propheten Mohammed zurückgehen, in allen Rennställen zu Hause.

Das Urpferd gibt es schon längst nicht mehr. Selbst die **Mustangs**, die Pferde der Indianer, waren keine Wildpferde, sondern stammten von europäischen Pferden ab. Nachdem Spanier und Portugiesen die „Neue Welt", den amerikanischen Kontinent, erobert hatten, ließen sie einige ihrer Pferde zurück, die die Indianer zur Zucht verwendeten.

Heute hat das Pferd in den Industrieländern keine wirkliche Funktion als Nutztier mehr. Seine Aufgaben haben **Motoren** übernommen, die dafür sorgen, dass größere Lasten transportiert werden können und Pflüge schneller arbeiten. Trotzdem gibt es allein in Deutschland mehr als eine Million Pferde, denn der **Reitsport** erfreut sich großer Beliebtheit.

Noch ein Tipp für Pferdeliebhaber. Es gibt zahlreiche Berufe, die mit Pferden zu tun haben. Sogar **Jockey** ist ein staatlich anerkannter Lehrberuf!

Waren alle Piraten einäugig?

Als ich noch ein Kind war, habe ich mich an Karneval manchmal als Pirat verkleidet: Auf meiner Schulter saß ein Papagei (natürlich aus Stoff), auf dem Kopf trug ich einen Hut, über meine linke Hand hatte ich einen Stahlhaken gestülpt und in meinem Gürtel steckten **Säbel und Pistolen**. Und natürlich trug ich eine schwarze Augenklappe.

Piraten gab es früher in fast allen Ländern mit Zugang zum Meer. Einer der bekanntesten Piraten, der in Nord- und Ostsee sein Unwesen trieb, war **Klaus Störtebeker**. Er „arbeitete" im Auftrag des schwedischen Königs. Von ihm erhielt er einen sogenannten **Kaperbrief**, der es ihm offiziell gestattete, die Schiffe fremder Länder zu überfallen und auszurauben. Auch viele andere Landesherren verteilten Kaperbriefe an ihre Piraten. Das änderte jedoch nichts daran, dass sie geächtet waren und von allen Seefahrern sofort getötet werden durften. Daher wurde so mancher Pirat **am Mast aufgehängt** – auch wenn er einen Kaperbrief in der Tasche hatte.

Früher überfielen Piraten im Auftrag des Königs fremde Schiffe.

Störtebeker kaperte auch auf eigene Faust Handelsschiffe. Daraufhin bewaffneten die Kaufleute ihre Boote. Nach einer erbitterten **Seeschlacht** vor Helgoland wurden Störtebeker und seine Mannschaft gefangen genommen. Ihre letzte Seereise traten sie als Gefangene auf der Kogge „Bunte Kuh" an. Ihr Leben endete in Hamburg durch das Schwert des Scharfrichters.

Auch in anderen Ländern gab es Piraten. Im 16. Jahrhundert machte **Francis Drake**, der in Diensten der britischen Krone stand, vor allem den spanischen Schiffen das Leben schwer. Ein Jahrhundert später trieb ein gewisser Edward Bleach sein Unwesen. Er war nur als **Blackbeard** bekannt, denn er trug einen langen, schwarzen Bart. Angeblich sprang Blackbeard, mit Säbeln und Pistolen behängt, an Bord der Schiffe und hatte dabei eine **brennende Lunte** in den Bart geflochten. Manchem Kapitän soll es bei diesem Anblick so gegraust haben, dass er sein Schiff kampflos übergab.

Eine Flagge mit einem **Totenkopf** und zwei gekreuzten Knochen flatterte an den Schiffen all dieser Piraten noch nicht. Vermutlich kämpfte erstmals Calico Jack Rackham unter diesem Zeichen. Angeblich wusch er niemals seine Hose, um sie durch den Dreck kugelsicher zu machen. Bei ihm an Bord befanden sich auch zwei weibliche Piraten – Anne Bonny und Mary Read. Sie sollen genauso **grausam** gewesen sein wie die Kerle, mit denen sie die Küsten Amerikas und der Karibik unsicher machten.

Auch heute noch gibt es Piraten.

Auch heute noch gibt es Piraten. Nicht alle **überfallen** Schiffe nur, um sie auszurauben, sondern sie bringen sie in ihre Gewalt und fordern **Lösegeld** für die Freilassung von Schiff und Besatzung. Diese modernen Piraten fahren schnelle Boote und sind sogar mit Maschinengewehren und Raketen bewaffnet. Deshalb bekommen in einigen Regionen der Erde Handelsschiffe bewaffneten Geleitschutz, um Überfälle zu verhindern.

Mit solchen Koggen trieb der Pirat Störtebeker sein Unwesen.

Wenn du an all die
Piraten mit Augen-
klappe denkst, die an
Karneval durch die
Straßen laufen, fragst
du dich wahrschein-
lich, ob tatsächlich
fast jeder Pirat eines
seiner Augen im
Kampf eingebüßt hat.

Als echter Draufgänger unter
den Piraten gilt Jack Sparrow.
Im Gegensatz zu vielen anderen
Piraten gab es ihn jedoch nie
wirklich. Er ist nur eine Filmfigur.

Die Antwort lautet: „Nein". Dennoch gab es
früher viele Kapitäne, die nur noch ein Auge
hatten. Das lag an ihrem Navigationsgerät, mit
dem sie das Schiff auf Kurs hielten und die
Sonne anpeilen mussten. Dabei drückten sie ein Auge zu
und blickten mit dem anderen direkt in die Sonne. Und
wenn sie zu oft in die Sonne guckten, wurden sie auf diesem
Auge blind.

Warum dauerte die Erfindung des Rades so lange?

In der Natur gibt es scheinbar nichts, was sich so bewegt wie ein Rad. Tiere und Menschen laufen auf vier oder zwei Beinen, Fische schwimmen mithilfe ihrer Flossen, und Vögel schlagen mit den Flügeln. Dass zum Beispiel Fische ihre Flossen nicht drehen können wie eine Schraube, liegt an der Konstruktion der Gelenke. Weder Mensch noch Tier besitzen ein Gelenk, das so drehbar ist wie ein **drehbar** an einer Achse befestigtes Rad.

Weil die Menschen das Rad auf der Achse der Natur nicht abgucken konnten, haben sie viele Tausend Jahre lang ihre **Lasten geschleppt** oder auf Schlitten gezogen. So ein bisschen wie Räder funktionierten Rollen, auf denen man zum Beispiel schwere Steine vorwärtsschieben konnte. Doch das klappte nur auf einer glatten Strecke, da die **Rollen** sich sonst sofort verkanteten. Vermutlich haben die Ägypter beim Bau der Pyramiden diese Technik angewandt. Das Rad kannten sie jedenfalls noch nicht.

Die Menschen konnten das Rad nich

In Mesopotamien (heute Irak) fanden Archäologen Tontäfelchen mit sumerischen Schriftzeichen. Eines dieser Schriftzeichen sieht wie ein Wagen mit vier Rädern aus. Das Volk der Sumerer hatte vor 6000 Jahren zwar noch keine Pferde, aber es hielt schon Rinder und Esel. Vielleicht haben diese Tiere die ersten Wagen der Welt gezogen. Mittlerweile wurden auch in Europa viele Hinweise auf Wagen und Karren mit Rädern gefunden. Anscheinend sind vor einigen Tausend Jahren mehrere Völker fast gleichzeitig auf die Idee gekommen, zwei Holzscheiben auf eine Achse zu stecken.

er Natur abgucken.

Diese Räder, die meist aus Baumscheiben bestanden, waren ziemlich schwer. Etwa 2000 Jahre vor Christus entwickelte daher ein findiger Tüftler den Vorläufer der **Speiche**. Nun hielten

Die ersten Räder bestanden aus Baumscheiben.

ein paar hölzerne Verstrebungen einen dicken Holzreifen. Ein paar Hundert Jahre später wurden die Räder weiter verbessert. Die Speichen wurden mit Metall verstärkt, mitunter wurde das gesamte Rad **aus Bronze** gegossen.

Während in Europa und Asien die Räder rollten, kannten die südamerikanischen Völker das Rad am Wagen noch nicht. Sie hatten dafür **Zahnräder**, mit denen sie ihren Kalender errechneten. Archäologen entdeckten auch Spielzeug, an dem Räder angebracht sind. Es ist möglich, dass sich damals das Wagenrad dort nicht durchsetzte, weil es keine Wege gab, die zum Fahren auf Rädern geeignet waren.

Ob Auto, Fahrrad, Maschinen, Uhren, Rollerskates oder Kinderwagen – aus unserer Zeit sind Achse und Rad **nicht mehr wegzudenken**.

Übrigens habe ich am Anfang dieses Artikels ein wenig geflunkert. Unsere Vorfahren hätten sich die Sache mit Rad und Achse doch aus der Natur abgucken können. Allerdings hätten sie dazu schon ein sehr gutes **Mikroskop** gebraucht, doch das wurde erst vor etwa 400 Jahren erfunden. Durch ein solches Mikroskop hätten sie winzige Bakterien beobachten können und vermutlich gestaunt: Die Flagellen, wie diese Bakterien genannt werden, haben tatsächlich ein Gelenk, das sie rotieren lassen können wie ein Rad auf einer Achse. Mit seiner Hilfe bewegen sie sich.

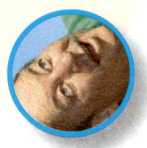

Warum gibt es Gesetze?

„Die Würde des Menschen ist unantastbar." Diesen Satz hast du vermutlich schon einmal gehört. Er gilt für alle, die in unserem Land leben, ganz gleich welcher Religion sie angehören oder welche Hautfarbe sie haben. Den Satz findest du an erster Stelle in unserem **Grundgesetz**. Das ist das wichtigste Gesetz unseres Staates. Es gibt bei uns noch viele andere Gesetze, die alle auch wichtig sind, aber **über allen** diesen Gesetzen steht das Grundgesetz.

Vielleicht fragst du dich, warum es überhaupt Gesetze gibt. Die Antwort ist ganz einfach: Wenn viele Menschen zusammenleben, müssen sie sich an bestimmte Regeln halten. Das haben schon die Menschen in uralter Zeit erkannt. Einige der **Zehn Gebote** aus der Bibel galten schon lange, bevor Gott sie dem Mose verkündete, zum Beispiel „Du sollst nicht töten" oder „Du sollst nicht stehlen". Wer gegen ein solches Gesetz verstieß, musste – genau wie heute – mit Strafe rechnen.

Wenn viele Menschen zusammenleben, müssen si

Für die Gesetze verantwortlich ist der Staat, in dem wir leben.
Deshalb werden die Gesetze auch von unseren gewählten
Abgeordneten im Parlament „verabschiedet". Ein Gesetz wird
übrigens nicht etwa verabschiedet, wenn es verschwindet,
weil es nichts taugt, sondern wenn es in Kraft tritt. Da eine Menge
Dinge geregelt werden müssen und die Welt weit komplizierter
geworden ist als noch zu Moses Zeiten, genügen solch einfache
Gesetze wie damals längst nicht mehr. Deshalb gibt es nicht
nur Gesetze, sondern auch Vorschriften, Verordnungen
und Erlasse. Allen gemein ist, dass sie
zusammen viele dicke Bücher füllen und
dass wir sie befolgen müssen.

ich an Regeln halten.

116

Wenn sich jemand nicht an das Gesetz hält, zum Beispiel etwas stiehlt, treten **Polizisten und Richter** auf den Plan. Die Polizei ist dafür verantwortlich, dass die Gesetze eingehalten werden, und verhaftet den Dieb. Die Richter im Gericht haben dann zu entscheiden, welche Strafe **der Dieb** bekommt, weil er gegen das Gesetz verstoßen hat.

Wer ist für Recht und Gesetz verantwortlich?

Für Recht und Gesetz sind also gleich mehrere Gruppen verantwortlich: Die eine macht die Gesetze (das ist die Legislative: Dieses Wort kommt aus dem Lateinischen und bedeutet „gesetzgebende Gewalt", also die **Politik**), die andere achtet darauf, dass es eingehalten wird (das ist die Exekutive, die „ausführende Gewalt", also die Polizei), und eine dritte entscheidet, was mit denen geschieht, die gegen Gesetze verstoßen (das ist die Judikative, die „Recht sprechende Gewalt", also das **Gericht**). Und da diese drei Gewalten streng voneinander getrennt sind, spricht man von „Gewaltenteilung". Diese Regel, die auch in unserem Grundgesetz steht, verhindert, dass eine Gruppe **zu große Macht** erhält, also zum Beispiel nicht nur bestimmt, was in einem Gesetz steht, sondern auch dafür sorgt, dass Menschen verhaftet werden, und sie dann selbst verurteilt.

Rüde Gesellen des Mittelalters

Es gibt einen Kaiser, dessen Krönungs-
jahr ich mir prima merken kann: Karl
der Große. Er bekam im Jahr 800 in Rom seine
Krone. Sein Leben lang reiste der mächtige
Kaiser Karl durch sein großes Fränkisches Reich
und passte auf, dass seine Herzöge und
Grafen sich nicht gegenseitig bekriegten. Viel-
mehr sollten sie die **Feinde bekämpfen**,
die auf das Gebiet des Reiches vordrangen.

814 starb Karl. Kaum war er begraben, begannen
gleich zwei Volksstämme, wieder in das Land
einzudringen, zu rauben, zu morden und ganze
Dörfer und Städte niederzubrennen: die Sarazenen aus Arabien
und die **Wikinger** aus dem hohen Norden. Diese Nordmänner
waren Meister darin, seetüchtige Schiffe zu bauen, die nicht
nur das Meer, sondern auch Flüsse wie den Rhein oder die franzö-
sische Seine befahren konnten. Die unter sich zerstrittenen
Herzogtümer hatten den Plünderern nichts entgegenzusetzen.

Da schritten kampferprobte Männer zur Tat und errichteten in der Nähe von Dörfern und Klöstern **Türme** aus Holz oder Stein. Aus diesen einfachen Türmen, die man Bergfriede nannte und in die die Bevölkerung bei Angriffen flüchtete, um wenigstens **das nackte Leben** zu retten, entstanden später die Burgen, deren Ruinen wir heute noch in ganz Europa besuchen können.

Natürlich war der **Schutz** durch erfahrene Krieger nicht umsonst. Die Herren der Bergfriede forderten Abgaben von ihren Schützlingen. Von diesem Geld kauften sie **Rüstungen** und Waffen. Auch Pferde leisteten sie sich und bald nannte die Bevölkerung ihre teuren Beschützer hoch zu Ross „Ritter".

Der Schutz durch kampferprobte Ritter war nicht umsonst.

Leider waren die meisten dieser Ritter aber alles andere als ritterlich. Sie verlangten immer höhere Abgaben, „Zölle" genannt. Manchmal wollten sie Geld, manchmal Nahrungsmittel und Wein. Oft schlugen sie sich gegenseitig tot, um noch mehr Land und Leute in ihren Besitz zu bringen.

Die **Unsitten** dieser selbst ernannten Beschützer missfielen den Fürsten, Herzögen und Grafen, zumal die Ritter auch gerne zu diesen höheren Herren gehört hätten.

Die meiste

Was sollte man mit diesem wilden Haufen **Raufbolde** anfangen? Am besten man schickte sie außer Landes, möglichst weit und möglichst lang. Zum Beispiel auf einen **Kreuzzug**, bei dem sie das Heilige Land, die Region um den heutigen Staat Israel, für die Christen erobern sollten. Damals erhoben sowohl Muslime als auch Juden Anspruch auf das Gebiet, insbesondere auf die Stadt Jerusalem. Tatsächlich schafften es die Ritter, im Jahre 1099, Jerusalem zu erobern. Dabei richteten sie im Zeichen des christlichen Kreuzes ein grauenvolles Blutbad an.

Immerhin lernten die Raufbolde in Kettenhemd und Topfhelm – ihrer typischen Kleidung – in der langen Zeit, die sie im **Heiligen Land** verbrachten, eine ganze Menge von ihren Feinden. Zum ersten Mal sahen sie, wie eine anständige Burg auszusehen hatte, und sie merkten, dass ihre Feinde wesentlich bessere Kenntnisse in der Medizin und der Mathematik hatten. Auch eine neue Waffe lernten sie kennen, die Armbrust. Hätten sie geahnt, dass man ihnen eines Tages mit dieser Waffe **Löcher in ihre Kettenhemden** schießen würde, vielleicht hätten sie diese Erfindung nicht mit nach Europa genommen.

Ritter waren alles andere als ritterlich.

Gegen Bogen und Armbrust halfen schließlich nur immer stärkere Panzerungen. Doch Helm und Rüstung wurden so ständig schwerer und **behinderten die Ritter beim Kampf.** Die klobigen und unbeholfenen Reiter auf ihren gepanzerten Pferden verloren immer öfter im Kampf – und das schon lange bevor es Kanonen und Gewehre gab.

Die unbeweglichen Kämpfer wurden nicht mehr gebraucht und verdienten nun ihr Geld bei **Schaukämpfen.** Viele Ritter verarmten und betätigten sich aus Geldnot als **Raubritter,** erhoben willkürlich Zölle und sperrten wohlhabende Kaufleute so lange ein, bis ihre Familien ein Lösegeld herausrückten. Irgendwann spielten die Leute, die bei Gefahr auf der Burg Schutz suchen durften, nicht mehr länger mit. Sie jagten die verkommenen Herren von ihren Burgen.

Warum die Saurier verschwanden

Vor etwa 220 Millionen Jahren beherrschten Dinosaurier das Festland der Erde. Die größten Vertreter dieser **Echsen** waren riesig, wurden **bis zu 30 Meter lang** und wogen fast 20-mal mehr als ein Elefant. Natürlich gab es auch kleine Dinos, die gerade mal die Größe eines Huhns erreichten.

Als die Menschen auf die ersten versteinerten Saurierknochen stießen, glaubten sie, sie hätten Überreste von **Drachen** gefunden. Andere waren der Meinung, die Knochen hätten den urzeitlichen Riesen gehört, die schon im Alten Testament erwähnt werden. Erst seit ein paar Hundert Jahren weiß man, dass es einst Dinosaurier gab.

Wie aber haben diese Echsen gelebt? Im Laufe der Zeit fand man heraus, dass es unter den Dinosauriern sowohl Fleisch- als auch Pflanzenfresser gab. So fraß der gewaltige **Tyrannosaurus** ausschließlich andere Echsen – lebend oder tot –, während zum Beispiel der Flugsaurier **Pteranodon** mit Flügelspannweiten von fast zehn Metern Vögel jagte oder mit seinem spitzen Schnabel Fische packte.

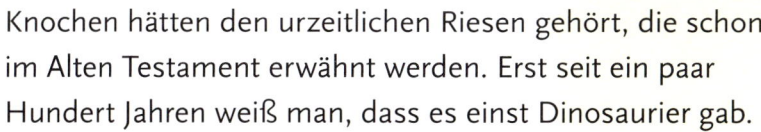

Die größten Saurier wogen so viel wie 20 Elefanten.

Horden von riesigen Pflanzenfressern wie der **Brachio-saurus** verschlangen Pflanzen aller Art und zerrieben sie mithilfe von faustgroßen Steinen, die sie verschluckt hatten, in ihren Mägen. Anschließend verteilten sie **ihre gewaltigen Dunghaufen** über das Land. Da sich darin noch viele Pflanzensamen befanden, trugen die Saurier auch zur Verbreitung von Bäumen, Büschen und Blumen bei.

Nach vielen Millionen Jahren der Dinosaurierherrschaft tauchten plötzlich die **Säugetiere** auf. Sie vermehrten sich nicht wie die Echsen durch Eierlegen, sondern brachten ihren Nachwuchs lebend zur Welt. Klein und unauffällig lebten die frühen Säugetiere in Höhlen und hohlen Bäumen, gut verborgen vor den ständig hungrigen Dinos. Wahrscheinlich trauten sie sich nur nachts heraus und ernährten sich von Insekten.

Und dann geschah es! Vor 65 Millionen Jahren prallte ein gewaltiger Gesteinsbrocken auf die Erde, und zwar dort, wo heute die Halbinsel Yucatán an der mexikanischen Küste liegt. Es gab eine unvorstellbare **Explosion**, die einen riesigen Krater in die Erde riss. Giftige Gase wurden kilometerweit in die Höhe geschleudert, gewaltige Staubwolken verdunkelten die Sonne. Die Erde erstarrte in einer **lichtlosen Kälte**.

Als die dunklen Staubwolken den Blick zur Sonne wieder frei gaben, bedeckte **eine dicke Eisschicht** die Erde. Nur langsam wärmte die Atmosphäre sich wieder auf. Viele Lebewesen waren verschwunden, darunter zahlreiche Dinosaurier, von denen nur versteinerte Knochen blieben.

Nur noch versteinerte Knochen erinnerten an die Dinosaurier.

Natürlich sind die Dinosaurier nicht allein an der Kälte gestorben. Das ist nur eine Erklärung für ihr **Aussterben**. Eine andere macht eine Vielzahl von Vulkanausbrüchen dafür verantwortlich, noch eine andere geht davon aus, dass die meisten Dino-Eier von anderen Tieren geraubt und gefressen wurden. Eine absolut sichere Erklärung für das Aussterben der Dinos gibt es bis heute nicht.

Doch es gab auch **Überlebende** der vermutlich zahlreichen Katastrophen. Zu ihnen gehörten neben einer Vielzahl von Bakterien auch die kleinen Säugetiere, die sich zu Lebzeiten der Saurier nur nachts aus ihren Verstecken getraut hatten und sich jetzt richtig breitmachen konnten. Und das war gut so, denn schließlich sind aus den Säugetieren dann auch wir Menschen hervorgegangen.

Ganz schön groß so ein Dinosaurierei! Und ziemlich schwer, denn es ist versteinert. Dieses Exemplar wurde in Indien gefunden.

Seit wann gibt es Schiffe?

Hat es Schiffe schon **vor 50 000 Jahren** gegeben? Es sieht ganz so aus, denn damals kamen die ersten Menschen von Asien nach Australien. Und das ging nur über das Wasser. Auch wenn der Meeresspiegel in jener Zeit niedriger war als heute, konnten sie nicht hinüberlaufen, sondern mussten etwa 100 Kilometer **Seeweg** zurücklegen. Schwimmend wäre das wohl kaum gegangen. Allerdings fehlen bis heute Beweise, die belegen, dass die Menschen damals wirklich schon Boote hatten. Die ältesten Bootsfunde sind knapp 10 000 Jahre alt.

Ausgehöhlte Baumstämme waren die ersten Schiffe.

Bei den frühesten Schiffen handelte es sich um ausgehöhlte Baumstämme. Der Weg bis zu den heutigen Containerschiffen, Tankern, Luxusdampfern und Rennbooten war ziemlich lang. Er begann bei den Völkern in Nordeuropa und ihren **Einbäumen** (den ausgehöhlten Baumstämmen) und führte zunächst

zu den alten Ägyptern. Die hätten ihre Pyramiden nicht ohne Schiffe bauen können. Auf alten Wandzeichnungen sind **Lastkähne** zu sehen, mit denen die gewaltigen Felsbrocken auf dem Nil transportiert wurden. Diese Schiffe wurden noch gerudert oder vom Ufer aus gezogen. Zwar gab es damals auch schon Segel, doch die bestanden aus rechteckigen Tüchern, die nur dann das Schiff vorwärtsbewegten, wenn der Wind genau von hinten kam. Etwa 200 Jahre vor Christi Geburt fanden die Römer heraus, dass man mit einem dreieckigen Segel, das längs zum Schiff angebracht ist, auch noch **bei seitlichem Wind** geradeaus segeln kann.

Um das Jahr 1000 waren die Normannen oder Wikinger aus Nordeuropa zweifellos **die besten Schiffsbauer** des Abendlandes. Sehr zum Ärger ihrer Nachbarn benutzten sie ihre schlanken **Drachenboote** nicht nur zum friedlichen Handel, sondern auch zu bewaffneten Raubüberfällen. Und sie kamen mit ihren Booten schon ein paar Jahrhunderte vor Christoph Kolumbus nach Amerika.

Eine der größten Leistungen im Bootsbau gelang ungefähr zu Zeiten der Wikinger auf der anderen Seite der Erde in Polynesien, also auf den Inseln des Pazifischen Ozeans. Dort bauten die **Polynesier** aus ausgehöhlten Baumstämmen Doppelrumpfboote, das heißt, sie setzten zwei Stämme nebeneinander und verbanden sie mit einer Plattform. Als Antrieb diente ein Segel in Form eines Palmenblatts. Die Boote konnten fast nicht umkippen und sogar auf hoher See fahren: Wenn ein starker Windstoß in das Segel blies und das Schiff sich zur Seite neigte, kam einer der beiden Rümpfe aus dem Wasser, während der andere gleichzeitig unter Wasser gedrückt wurde.

Die Boote der Polynesie

Die gewaltigen, geblähten Segel machten die Schiffe schnell – entsprechenden Wind vorausgesetzt.

Noch erstaunlicher als ihre Fertigkeiten im Bootsbau aber war die hohe Kunst der Navigation, welche die Inselbewohner entwickelten und die es ihnen erlaubte, ihre Boote zielsicher von einem Ort zum anderen zu fahren. Durch auswendig gelernte Gesänge und Gedichte merkten sich die Bootsführer Sternbilder, Meeresströmungen und den Stand des Mondes. Mit diesen Kenntnissen gelang es ihnen mehrfach, von Polynesien nach Hawaii zu segeln. Zwischen diesen beiden Inselgruppen liegen 5000 Kilometer offenes Meer. Leider geriet die hohe Kunst mit Gesang und Gedichten „die See zu lesen" in Vergessenheit.

nnten fast nicht umkippen.

Die große Zeit der Segelschiffe schlug im 12. und 13. Jahr-hundert, als mächtige Boote mit nur einem Mast, die sogenannten **Koggen**, in den küstennahen Gewässern Europas kreuzten und Waren beförderten. Die Portugiesen entwickelten vermutlich die ersten Karavellen, Boote von bisher nicht gekannter **Wendigkeit** und Schnelligkeit. Dafür sorgten Segel an gleich drei Masten. Mit Schiffen dieses Typs erreichte Kolumbus Amerika, und eine spani-sche Expedition unter Führung von Fernando de Magellan umsegelte mit Karavellen zum ersten Mal die Erde.

Im 19. Jahrhundert verschwanden die Segel allmählich und machten **rauchenden Schornsteinen** Platz. Das Zeitalter der Dampfmotoren hatte begonnen. Sie trieben nun auch Schiffe an.

Heute beherrschen die Containerschiffe die Weltmeere und bringen in unzähligen übereinandergestapelten **Containern** Waren von einem Ende der Welt zum anderen. Angetrieben werden sie von riesigen Dieselmotoren.

Luxus pur auf hoher See: An Bord des Kreuzfahrtschiffs „Voyager of Seas" befinden sich unter anderem ein Theatersaal mit über 1300 Plätzen und ein Eislaufstadion. Für die Passagiere gibt es 1557 Kabinen.

Und wer einmal Urlaub auf dem Meer machen möchte, der sichert sich eine Kabine in einem der vielen Kreuzfahrtschiffe. Dort genießt er den Luxus eines schwimmenden Hotels. Vermutlich haben sich die Seeleute früherer Zeiten niemals vorstellen können, dass man einst so komfortabel übers Meer schippern kann.

Luxus pur in schwimmenden Hotels

Wenn es zu kalt ist, gibt es keinen Schnee

Damit es so richtig schneit, muss es kalt sein. Sinkt die Temperatur unter den Gefrierpunkt, werden aus dem Wasser in den Regenwolken **kleine Eiskristalle**. Diese schmiegen sich sozusagen aneinander und bilden Schneeflocken, die immer schwerer werden und schließlich zur Erde fallen. Wenn es da unten auch unter null Grad ist, kommen die Schneeflocken als Schnee an. Ist es hingegen wärmer, **schmelzen** sie und werden zu Regentropfen.

Übrigens darf es auch nicht zu kalt sein, denn dann gibt es auch keinen oder nur wenig Schnee. Warum? Weil in der Luft umso weniger Wasser ist, je kälter sie ist. Denk dir einen Würfel, bei dem jede Kante einen Meter lang ist. In einem solchen Würfel befinden sich bei null Grad etwa 2,7 Gramm Wasserdampf, der zu Wasser und zu Schnee werden kann. Wenn es jetzt aber **minus 40 Grad** kalt ist, dann sind in dem gleichen Würfel nur 0,07 Gramm Wasser. Daraus kann natürlich auch Schnee entstehen, aber viel weniger.

Vielleicht glaubst du das nicht, wenn du an die **Schnee-berge** am kalten Südpol denkst. Dort liegt jedoch nur deshalb so viel Schnee, weil er dort nicht **wegtaut**. Und wenn es Tausende von Jahren immer nur ein bisschen schneit, wird daraus irgendwann eben doch eine ganze Menge Schnee.

Eiskristalle schmiegen sich aneinander.

Lieber Buchstaben als Bilder

Manchmal sind die Regeln unserer Rechtschreibung nicht gerade leicht. Wenn ihr wieder einmal über die richtige Schreibweise eines Wortes nachdenkt, wünscht ihr euch vielleicht in die Zeit der 5000 Jahre alten **Schrift der Ägypter** zurück. Damals musste man nicht die richtigen Buchstaben in der richtigen Reihenfolge schreiben und dabei bloß keinen vergessen oder gar zu viel machen. Man musste zum Beispiel nicht „Wasser" schreiben, sondern es genügte, wenn man eine Welle **malte**. Auch war es ganz gleich, ob man seine Zeichen von rechts nach links, von **links nach rechts**, von oben nach unten oder von unten nach oben schrieb.

5000 Jahre alt sind diese Hieroglyphen, welche die Ägypter in Stein meißelten.

Allerdings hat so eine **Bilderschrift**, wie sie Japaner und Chinesen auch heute noch verwenden, den Nachteil, dass man so an die 50 000 Zeichen im Kopf haben muss, um Zeitung lesen zu können. Unser Alphabet mit seinen gerade mal **26 Buchstaben** hat also auch Vorteile. Auf den Trick, Worte in Laute zu zerlegen, sind übrigens 1200 Jahre vor unserer Zeitrechnung die Phönizier gekommen. Dieses Volk lebte damals auf dem Gebiet des heutigen Libanon und Syrien.

Wer perfekt Chinesisch schreiben will, muss etwa 50 000 Zeichen im Kopf haben.

Die Buchstaben des Alphabets lassen sich auch viel leichter drucken, da man nicht für jedes Wort eine extra Letter braucht. **Lettern** heißen die einzelnen Buchstaben, aus denen die Buchdrucker ihre Seiten zusammensetzten. Entwickelt wurde diese Technik in Europa von dem **Mainzer Buchdrucker** Johannes Gensfleisch. Wahrscheinlich habt ihr schon von ihm gehört, allerdings unter dem Namen Gutenberg, denn so wurde er meist genannt, weil er auf dem Gutenberg-Hof aufgewachsen war. Mithilfe einer umgebauten Traubenpresse, mit der er die zu einem Text angeordneten Lettern auf Papier presste, schuf Gutenberg die Voraussetzung zur Allgemeinbildung, weil er Bücher für viele Menschen erschwinglich machte.

Heute setzen die Drucker die Seiten von Büchern und Zeitungen nicht mehr mit Lettern, die aus Blei gegossen sind. Der Druck wird mit einem **Schreibprogramm**, einem Computer und einer Druckmaschine erledigt. Manche dieser Maschinen sind größer als ein Einfamilienhaus.

Unsere Schrift beruht auf der Schrift der Römer, also der lateinischen, und wird von links nach rechts geschrieben. Das hat den Vorteil, dass man die Tinte nicht gleich wieder verschmiert, wenn die schreibende Hand über das Papier gleitet. **Linkshänder** haben da ein kleines Problem. In den Ländern, in denen arabisch oder hebräisch geschrieben wird, also von rechts nach links, sind sie dafür im Vorteil. Nun hat sich dort die Schriftrichtung aber nicht wegen der Linkshänder in die andere Richtung entwickelt, sondern wegen der Steinmetze, die Texte in **Steinplatten** meißelten. Ihr könnt ja mal probieren, was passiert, wenn ihr mit dem Hammer in der linken Hand auf den Meißel haut. Das müsstet ihr nämlich, sofern ihr von links nach rechts meißeln wolltet. Holt euch vorher aber schon mal ein Pflaster aus dem Verbandskasten.

Was hält uns auf der Erde?

Hast du schon einmal darüber nachgedacht, warum Dinge immer auf den Boden fallen? Mit dieser Frage haben sich schon viele Forscher befasst, doch erst der Engländer Isaac Newton kam dem Geheimnis vor mehr als 300 Jahren auf die Spur. Angeblich saß er **unter einem Apfelbaum**, als ihm ein Apfel auf den Kopf fiel. Das war nicht nur schmerzhaft, sondern brachte Newton auch ins Grübeln. Nach langen Überlegungen fand er heraus, dass es die Schwerkraft ist, die alle Dinge anzieht. Jeder Körper hat eine bestimmte **Masse**, der Apfel ebenso wie die Erde. Und diese beiden Massen ziehen sich gegenseitig an. Die Masse der Erde ist riesig groß, und deshalb ist auch die **Anziehungskraft** zwischen der Erde und anderen Massen sehr groß. Die sorgt dafür, dass die Dinge auf den Boden fallen. Und ist auch dafür verantwortlich, dass wir nicht durch die Gegend fliegen oder von der Erde purzeln.

In einer Raumkapsel, die um die Erde kreist, wirkt die Erdanziehungskraft weit weniger stark bzw. überhaupt nicht mehr. Daher schweben die **Astronauten** durch ihre Raumschiffe und müssen ihr Werkzeug festbinden. Sie können sich auch nicht mal eben ein Glas Wasser einschenken, denn die Flüssigkeit bildet Kügelchen, die durch die Gegend fliegen.

Alle Lebewesen auf der Erde kommen mit der Schwerkraft bestens zurecht, denn weder Menschen noch Tiere oder Pflanzen spüren die Anziehungskraft. Sie haben sich an sie gewöhnt und brauchen sie sogar. Zum Beispiel bilden sich bei Astronauten, die sich lange im Zustand der **Schwerelosigkeit** aufhalten, die Muskeln zurück, denn sie brauchen nur viel kleinere Kräfte zu überwinden als auf der Erde.

Wenn Herr Newton auf dem Mond gewesen wäre, hätte er natürlich keinen Apfel auf den Kopf bekommen, denn **auf dem Mond** wachsen schließlich keine Apfelbäume. Aber er hätte zum Beispiel springen können – und dabei festgestellt, dass er mit einem Sprung viel weiter kommt als auf der Erde. Das hängt damit zusammen, dass die Schwerkraft auf dem Mond weit geringer ist als auf der Erde und die Dinge daher leichter sind.

Wenn die Astronauten der internationalen Raumstation ISS in der Schwerelosigkeit schweben, gibt es für sie kein Oben und Unten.

Laufen, springen, Speer werfen – und das alles nackt?

Stellt euch vor, ihr sitzt in einem Stadion, in dem splitternackte junge Männer rennen, laufen, springen, miteinander ringen oder sich **mit bloßen Fäusten** fürchterlich verprügeln. So was gibt es doch gar nicht, werdet ihr denken, die Sportler haben doch Trikots und die neuesten Sportschuhe an und verwenden modernste Sportgeräte! Stimmt, **nackte** Sportler gibt es heute nicht mehr. Doch bei den alten Griechen gingen sie sozusagen ohne alles an den Start. Übrigens waren die Männer nackt, damit sie auch als solche zu erkennen waren und sich nicht heimlich **Frauen** ins Stadion schlichen, denn die durften nicht an Sportwettkämpfen teilnehmen.

Bei den alten Griechen gingen die Athleten nackt an den Start.

Laufen, springen,
Speer werfen – und
das alles nackt?

138

Das ist alles schon sehr lange her – ungefähr 2000 Jahre. Damals trafen sich alle vier Jahre die besten Sportler Griechenlands zum Kräftemessen in **Olympia**, einer Kultstätte, die dem Gott Zeus geweiht war. Die Treffen fanden so lange statt, bis der römische Kaiser Theodosius, der damals auch über Griechenland herrschte, im Jahre 394 die Spiele **verbot**. Wahrscheinlich hielt er sie für heidnischen Götzenkult, also eine Veranstaltung der Ungläubigen. Immerhin hatte er kurz vor dem Verbot der Spiele das Christentum zur Staatsreligion gemacht. Seit über hundert Jahren, genau **seit 1896**, gibt es diese Olympischen Spiele wieder.

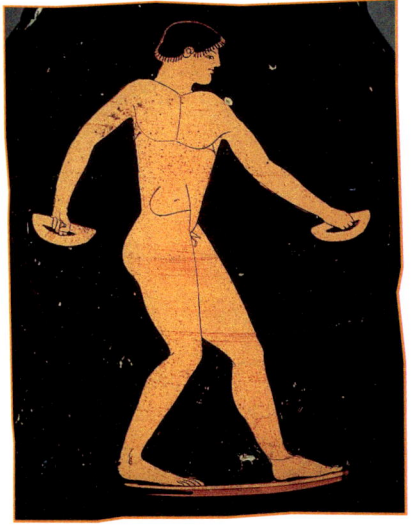

Dieser griechische Standweitspringer trat vor etwa 2500 Jahren bei den Olympischen Spielen an. In den Händen hält er Gewichte, um für seinen Sprung mehr Schwung zu holen.

Auch wenn heute nach wie vor die sportlichen Wettkämpfe im Mittelpunkt stehen, geht es doch um mehr. Am Sport (ursprünglich das englische Wort für „Spiel") **verdienen** mittlerweile viele Firmen. Um im Sport mithalten zu können, genügt es längst nicht mehr, körperlich fit zu sein. Selbst im sogenannten Breitensport, also dem Sport für alle, werden **teure Spezialausrüstungen** benötigt. Aus Wandern entstand Nordic Walking, zum Radfahren braucht man ein Mountainbike oder ein superleichtes Rennrad mit mindestens 27 Gängen (auch wenn man nur mal eben in die nächste Eisdiele fahren will) – und wer rennt schon durch die Gegend oder spielt Fußball ohne teure Spezialschuhe?

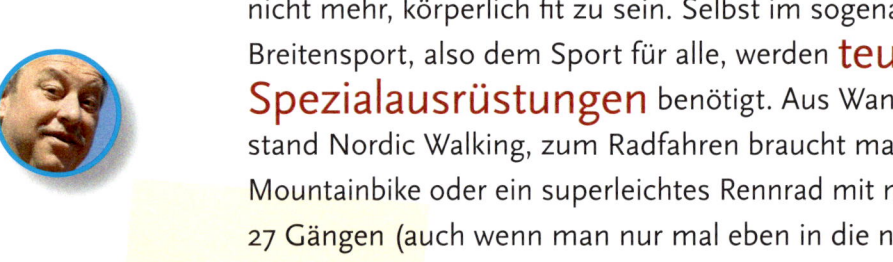

Immer wieder werden Radsportler des Dopings überführt. Ohne verbotene Mittel könnten sie ihre Höchstleistungen vermutlich gar nicht erbringen.

Damit die Hobbysportler all diese Dinge kaufen, benötigt man **Vorbilder**, denen sie nacheifern können – also zum Beispiel Sportprofis (Berufssportler), die eine bestimmte Skimarke fahren, im Ziel blitzschnell die Skier ausziehen und sie neben den Kopf halten. So kann jeder Amateursportler im Fernsehen sehen, mit welcher Marke sein Vorbild gerade gewonnen hat. Der Hersteller dieser Skier hofft dann, dass jeder echte Fan ins nächste Geschäft geht und sich die gleichen Skier kauft.

Unter vielen Leistungssportlern herrscht ein harter **Konkurrenzkampf**, denn es geht ja um viel Geld. Das Fernsehen zahlt große Summen, um die Wettkämpfe zu übertragen, die Sieger hoffen auf hoch bezahlte Werbeverträge. Mancher Sportler kommt deshalb in Versuchung, seiner Leistung mit **Medikamenten** nachzuhelfen (Doping). Das ist verboten. Außerdem ist es gefährlich für die Gesundheit. Einige Sportler sind auch schon daran gestorben.

Im Leistungssport geht es um viel Geld.

Dabei ist Sport, wenn man ihn im eigentlichen Sinne, also spielerisch, ausübt, **eine tolle Sache**. Herz, Kreislauf und das Immunsystem kommen so richtig in Schwung und – ganz gleich, ob jung oder alt – man fühlt sich einfach besser. Und das liegt nicht an einer bestimmten Schuhmarke oder einem speziellen Trikot, sondern daran, dass man sich bewegt und nicht nur als Fan einen **Freudentanz** aufführt, weil ein paar hoch bezahlte Profis einen Wettkampf gewonnen haben. Gute Leistungen haben übrigens auch schon die nackten Sportler bei den alten Griechen gebracht.

Übrigens trugen die altgriechischen **Sportschulen** einen Namen, der noch heute geläufig ist: „Gymnasium". Der Begriff wurde von „gymnos" abgeleitet, dem griechischen Wort für „nackt". Somit ist ein Gymnasium nichts anderes als eine „Nacktschule".

Sport ist eine wirklich tolle Sache.

Warum gibt es so viele Sprachen?

Niemand weiß, wie die Sprache der **Urmenschen** geklungen hat, mit der sie sich von ihren Abenteuern erzählten, wenn sie nachts am Feuer zusammenhockten. Eines aber ist sicher: Miteinander **gesprochen** haben sie. Auch Tiere „reden" miteinander – mit unseren nächsten Verwandten, den Schimpansen, könnten wir vermutlich sprechen, wenn ihnen die Natur ein so universelles Sprechorgan gegeben hätte, wie wir es haben.

Glaubt man der Bibel, dann sprachen die Menschen der Vorzeit **alle** die gleiche Sprache. Allerdings taten sie das nur so lange, bis sie beschlossen, einen Turm zu bauen, der so hoch war, dass er an den Himmel reichte. Das, so die Geschichte, **erzürnte Gott**, und er gab jedem der Turmbauer eine andere Sprache. Das war das Ende des Turmbaus zu Babel, denn nun verstand keiner mehr den anderen und die Bauarbeiten mussten eingestellt werden.

So stellte sich der Maler Pieter Bruegel der Ältere im 16. Jahrhundert den Turmbau zu Babel vor.

Zweifellos ist die Geschichte ein schönes Gleichnis, aber sicher nicht der wahre Grund für die über 5000 auf der Welt gesprochenen Sprachen und Dialekte. Nicht für alle Sprachen existiert auch eine Schrift. **Schriftsprachen** gibt es ungefähr 2000.

Es gibt mehr als 5000 verschiedene gesprochene Sprachen und Dialekte.

Ich glaube, es war eher so, dass die Menschen umherzogen, sich voneinander trennten und **immer wieder** neue Gruppen und Grüppchen bildeten. Kriege wurden geführt und Flüchtlinge zogen in neue Länder, viele Sprachen **vermischten** sich, andere grenzten sich ab, weil ihre Sprecher Angst vor dem Fremden hatten.

Da wir heute aber nicht von Geburt bis zum Tod in irgendeinem Dorf hocken bleiben, reicht es auch nicht, nur die Nachbarn im Umkreis von zehn Kilometern zu verstehen. Wir besuchen **die fernsten Länder**, um Geschäfte oder Urlaub zu machen. Deshalb lernen viele von uns mehrere Sprachen.

Einige Sprachen sind für uns leichter zu lernen als andere.
Das hängt damit zusammen, dass jede Sprache einer Sprachfamilie
angehört. Die „Mutter" fast aller europäischen Sprachen ist das
Urindoeuropäische, das vor etwa 5000 Jahren Einheitssprache war
und aus dem sich verschiedene regionale Sprachfamilien entwickelten. Eine davon war das Westgermanische. Daraus
wiederum entstanden im Laufe der Zeit Sprachen wie Englisch,
Niederländisch und Deutsch. In diesen Sprachen sind daher manche Wörter sehr ähnlich – zum Beispiel „hundert", „hundred"
(englisch) und „honderd" (niederländisch).

Eine andere Sprachfamilie ist die romanische. Aus
ihr entwickelten sich unter anderem Französisch, Spanisch
und Italienisch. Auch hier ist das Wort für „hundert"
sehr ähnlich: „cent" (französisch), „cien" (Spanisch) und
„cento" (italienisch). Wenn du also Französisch in der
Schule hast, dann sollte es dir später nicht allzu schwer
fallen, auch Spanisch zu lernen.

Die „Mutter" fast aller europäischen Sprachen
ist das Indoeuropäische.

Können Tiere gut bauen?

Als ich einmal in Paris war und vor dem Eiffelturm stand, hat mich dieser Turm ganz aus Stahl ziemlich beeindruckt. Und ich habe **gestaunt**, welch tolle Bauwerke wir Menschen doch erfinden können. Allerdings sind wir keineswegs die einzigen talentierten Baumeister, die es auf der Erde gibt.

Als Beweis genügt ein Blick ins Wasser warmer Meere. Dort haben **winzige Korallentiere** Riffe gebaut. Korallen sondern Kalk ab, und da sie in Kolonien von Millionen Tieren leben, sind riesige Bauten entstanden. Das längste lebende Korallenriff ist das 2000 Kilometer lange Große Barrierriff vor der Küste Australiens.

Das größte Bauwerk der Erde haben Korallen gebaut.

Ein Korallenriff bietet
zahllosen Tieren
und Pflanzen Lebens-
raum und bringt
jeden Taucher mit
seiner Farben-
vielfalt zum Staunen.

Weil sich der Meeresspiegel im Laufe der Jahrmillionen hob
und senkte, reichen die Bauwerke der Korallen manchmal
bis zu 6000 Meter tief ins Meer. In Gegenden,
die früher von Meer bedeckt waren, sind noch heute Spuren
uralter Korallengärten zu finden, zum Beispiel auf der
Schwäbischen Alb in Süddeutschland, in den Dolomiten
(Italien) oder auch auf den Bergen der Halbinsel Sinai
im Nahen Osten.

Doch auch über der Erde gibt es hervorragende tierische Baumeister, beispielsweise die Termiten. In Afrika werden ihre Hügel
bis zu sieben Meter hoch und können einen Umfang von knapp
30 Metern haben. In dem Bau gibt es **unzählige Zellen** und
Gänge, in denen sich die Termiten bewegen oder in denen die
Brut lagert. Mitunter stehen zahlreiche Hügel nahe beieinander
und werden durch **extra** angelegte Straßen und Brücken miteinander verbunden.

Wie sehr die **Termiten** beim Bau auf ihre Umgebung achten, zeigt sich in Australien. Dort haben ihre Bauten keine Hügelform, sondern sehen wie hohe, dünne Wände aus. Sie sind so ausgerichtet, dass im Inneren eine möglichst gleichmäßige Temperatur herrscht. Beispielsweise scheint die Sonne nach der kalten Nacht auf die große Oberfläche und sorgt dafür, dass sich der Bau aufwärmt. Abends bei **Sonnenuntergang** strahlt sie die Wand von der gegenüberliegenden Seite aus an, und der Bau kann noch einmal Wärme aufnehmen.

Einige Vögel geben sich beim Bau ihres Nests ganz besondere Mühe. Die Töpfervögel zum Beispiel errichten auf erhöhten Punkten **prunkvolle Bauten** aus Lehm. Tagelang schleppen die Tiere Lehm und Pflanzenfasern heran, bauen auf einen Sockel drei Wände und lassen sie in einem Dach auslaufen. In der Sonne wird der Lehm steinhart. Anschließend geht es an die Feinarbeit: Die Außenwände werden mit Grashalmen verstärkt, das Innere mit Gras ausgepolstert. Dann kann endlich der **Nachwuchs** kommen.

Ein wenig erinnert das Nest des Töpfervogels an einen Backofen. Der Vogel hat es aus Lehm sowie mit Stroh und Fasern als Füllmaterial gebaut.

Einige Tiere können es mit menschlichen Baumeistern aufnehmen.

Es gibt noch eine Menge anderer äußerst talentierter Baumeister im Tierreich. So sind die **Biber** sowohl Architekten als auch Bauarbeiter, wenn sie ihre Dämme bauen. Die Bienen schaffen bewundernswerte Wabenkonstruktionen, Maulwürfe legen verzweigte und befestigte unterirdische Tunnelkonstruktionen an, und Thermometerhühner bauen Brutöfen, in denen ihre Eier ausgebrütet werden, ohne dass die Vögel selbst darauf sitzen müssen.

Wie ihr seht, können es einige Tiere als Baumeister gut mit uns aufnehmen. Und wenn man bedenkt, dass sie **viel kleiner** sind als wir, dann kann man vor ihren Bauten nur anerkennend pfeifen.

Tarnen, täuschen, Tinte spritzen

Ein Fisch mit einem perfekten Tarnanzug

Habt ihr euch beim Anblick eines Tintenfischs auch schon einmal gefragt: „Was ist das denn für ein merkwürdiger Fisch?" Und schon hat euch der Name dieses Tieres in die Irre geführt, denn der Tintenfisch ist gar kein Fisch, sondern gehört zu den Weichtieren wie Schnecken und Muscheln. Allerdings verfügt er über erheblich mehr Grips als seine Verwandten.

Tintenfische sind sogenannte Octopoden, also Achtfüßer („octo" ist das lateinische Wort für acht). Sie sind meisterhaft an das gefährliche Leben im Riff angepasst, können die verschiedensten Farben annehmen und wechseln dabei in Sekundenschnelle auch das Muster ihrer Körperoberfläche. Für solch einen perfekten Tarnanzug würde jeder Soldat der Welt sicherlich viel Geld ausgeben.

Wer beim Tauchen einen Tintenfisch finden will, der muss schon sehr genau hinschauen. Mal sieht er aus wie ein Stein, mal wie eine Koralle, mal ist er fast schwarz, dann wieder hellgrau. Manchmal ist er sogar weiß, doch das kommt selten vor, denn diese Farbe nimmt ein Tintenfisch nur bei der Paarung an.

Tintenfische werden meist verkehrt herum fotografiert oder gezeichnet. Das, was auch auf unserem Bild aussieht wie eine dicke Nase, ist in Wirklichkeit der Körper des Meeresbewohners. Die **Fangarme** wachsen direkt aus dem Kopf. Daher gehört er nicht nur zu den Achtfüßern, sondern auch zu den Kopffüßern. Wenn ihr jetzt einwendet, dass er doch acht Arme und nicht acht Füße hat, stimmt das natürlich. Aber wie gesagt, ist dieser „Fisch" ja auch kein Fisch, sondern – wenn man von den Begriffen ausgeht – vor allem ein verwirrendes Tier (außerdem kann er auf den Armen auch laufen).

Dass die Fangarme aus dem Kopf wachsen, ist beim Fangen und Fressen ziemlich praktisch, denn in der Mitte der acht Arme, die mit **Saugnäpfen** zum Festhalten ausgerüstet sind, sitzt ein starker Schnabel, in den die Beute direkt weitergereicht werden kann. Mit ihm kann der Tintenfisch sogar den Panzer eines Krebses oder die Schale einer **Muschel knacken**.

Hier sind die Saugnäpfe des Tintenfischs gut zu sehen. Mit ihnen kann er seine Beute festhalten.

Wenn man von der Paarungszeit absieht, ist der Tintenfisch ein Einzelgänger. Auf seinen Beutezügen „läuft" er auf seinen Armen über den Meeresboden. Dabei nutzt er **jede Deckung** aus und passt sich ständig der Form und der Farbe seiner Umgebung an. Wenn die Lage doch einmal brenzlig wird, legt das Tier einen **Raketenstart** hin, mit dem es blitzschnell einige Meter zwischen sich und seinen Verfolger bringt.

Hierfür zieht der Tintenfisch seinen Körper ruckartig zusammen und stößt Wasser durch eine eigens dafür vorgesehene Körperöffnung aus. Wie eine Rakete saust er dann rückwärts. Allzu oft hintereinander kann er diesen Trick allerdings nicht wiederholen, denn das Kunststück macht ihn **schnell müde**. Das liegt daran, dass die Kopffüßer, anders als zum Beispiel wir Menschen, kein warmes Blut haben. Warmes Blut kann Muskeln schneller mit Sauerstoff versorgen als kaltes. Bei den **Kopffüßern** dauert das länger und so geraten sie beim Rückstoßschwimmen schnell außer Puste.

Was aussieht wie eine dicke Nase (rechts) ist der Körper des Tintenfischs. Hier schwimmt er gerade im Rückwärtsgang.

Für die kleinen Tintenfische beginnt gleich, nachdem sie aus dem Ei geschlüpft sind, der harte **Kampf ums Überleben**. Dafür hat die Natur sie aber schon mit all den Fähigkeiten ausgerüstet, die auch ein „erwachsener" Tintenfisch bestens beherrscht: Tarnen, Verstecken, raketenartiges Rückwärtsschwimmen und natürlich der Trick mit der Tinte, der dem Tintenfisch seinen Namen gab. Sobald es dem Tier **mulmig** wird – wenn ihm zum Beispiel eine Muräne auf der Suche nach einer leckeren Mahlzeit zu nahe kommt –, stößt es einen Schwall Tinte aus, legt den Rückwärtsgang ein und ist verschwunden. Funktioniert der Trick, dann hält der Angreifer den im Wasser schwimmenden Tintenklecks für sein Opfer und beißt herzhaft hinein. Das verwirrt ihn erst einmal und trübt ihm außerdem die Sicht. Mit ein wenig Glück hat der Tintenfisch sich in der Zwischenzeit verkrochen und sieht wie eine Koralle oder ein Stein aus.

Übrigens gibt es Kopffüßer schon seit unvorstellbar langer Zeit. Bereits **vor 500 Millionen Jahren** schwammen ihre Urahnen in den Meeren der Urwelt herum.

Raketenstart, wenns brenzlig wird

Wie spät ist es, bitte?

Wir Menschen können hören, sehen, schmecken, fühlen und riechen, wenn alle fünf Sinne gesund sind. Für die Zeit aber haben wir offensichtlich kein Organ: Doch obwohl wir (mal abgesehen davon, dass es am Tag hell und in der Nacht dunkel ist) den Tag und die Nacht nicht sehen können, haben wir eine **innere Uhr**, die uns sagt, wann es Zeit zum Wachsein oder zum Schlafen ist. Allerdings ist dieses „Zeitgefühl" nicht sehr genau und deshalb verlassen wir uns auf Uhren.

Uhren sind viel genauer als unser „Zeitgefühl".

Nach der ältesten aller Uhren richteten sich die Lebewesen schon zu einer Zeit, als der Mensch noch gar nicht auf diesem Planeten herumlief: Diese Uhr ist die **Sonne**. Sie geht morgens auf, abends unter und steht mittags am höchsten. Jeder weiß, dass das so ist, weil die Erde sich dreht.

Unseren Urahnen reichte es irgendwann nicht mehr, die Zeit allein nach dem Stand der Sonne am Himmel zu bestimmen. Vielleicht haben ihnen die Augen wehgetan, weil sie zu viel in die Sonne geschaut hatten, oder aber die Sonne war ihnen nicht genau genug. Daher haben sie die Zeitmessung mit einem **Schatten** erfunden. Natürlich brauchten sie dafür auch die Sonne, denn wenn sie auf einen Baum, einen Stab oder eine Säule trifft, werfen diese einen Schatten. Der zeigt nicht nur die Stunde an, indem er mit der Sonne wandert, sondern anhand seiner Länge auch den Kalendertag. Im Laufe der Jahrtausende wurden die Sonnenuhren immer genauer. Zifferblätter wurden berechnet und etwa im 14. Jahrhundert kam ein kluger Kopf darauf, dass der Schattenstab **einen bestimmten Winkel** haben muss, damit die Sonnenuhr möglichst exakt funktioniert.

Auch in unserer Zeit werden Sonnenuhren berechnet und konstruiert. Und weil wir inzwischen genauer bestimmen können, wo
auf unserem Planeten wir uns befinden, „gehen" diese Uhren –
wenn man sich viel Mühe gibt – **sekundengenau**. Allerdings haben Sonnenuhren einen großen Nachteil: Ohne Sonnen-
schein zeigen sie nichts an!

Im 13. Jahrhundert gab es die ersten Räderuhren. Damals
war das eine **Sensation**. Da bewegten sich Zahnräder fast wie von selbst und oben
auf der Uhr schwang die
„Waag" – ein Balken mit **zwei
Gewichten** – und gab ein
deutlich vernehmbares Tick und
Tack von sich. Zwar haben sich
diese Uhren auch einmal um ein
Stündchen vertan, doch das
hat damals keinen gestört. Noch
gab es ja keine Busse, Züge oder
Flugzeuge, die man verpassen konnte.

Mit der Zeit wurden die Räderuhren größer und genauer. Ihre **Zahnräder** drehten sich in Türmen von Kirchen oder Schlössern. Von dort verkündeten die weithin sichtbaren Uhren mit Glockenschlägen der Stadt oder dem Dorf die Zeit. Irgendwann hatte die Waag ausgedient und wurde durch das wesentlich exakter schwingende Pendel ersetzt.

Die **Seefahrer** hätten zu gerne auch die genaue Zeit ihres Heimathafens auf ihre Reisen mitgenommen. Das ging aber nicht, denn auf einem schwankenden Schiff schwingt ein Pendel ungenau, weil die Schwankungen es zusätzlich antreiben. Also mussten sich die Kapitäne noch eine ganze Zeit darauf verlassen, dass der **Schiffsjunge** die Sanduhr pünktlich umdrehte, denn zur Bestimmung der geografischen Länge brauchte man die Ortszeit und

Viele Jahrhunderte lang mussten sich die Seefahrer auf Sanduhren als Zeitmesser verlassen.

die Zeit eines Ortes, dessen genaue Lage bekannt war. Im 18. Jahrhundert schließlich konstruierte der Engländer John Harrison einen Zeitmesser, der ein wesentlich genaueres Steuern des Schiffes ermöglichte.

Uhren werden immer genauer.

Eine Uhr, die in 30 Millionen Jahren nur eine Sekunde nachgeht

Wer die Zeit heute ganz genau – also bis auf viele Stellen hinter dem Komma – messen will, der verwendet eine **Atomuhr**. Das hört sich gefährlich an, ist es aber nicht. Diese Uhren heißen so, weil sie die Schwingungen von Cäsium- oder anderen Atomen (also klitzekleinen Teilchen) zählen können. Das tun sie so genau, dass sie in **30 Millionen Jahren** nur eine Sekunde nachgehen. Trotzdem muss man sie jedes Jahr „nachstellen", denn unser Sonnensystem geht nun mal nicht so genau wie diese Uhren.

Sie sieht zwar nicht aus wie eine Uhr, aber sie ist eine der genauesten Uhren auf der Welt – die Atomuhr der Physikalisch-Technischen Bundesanstalt in Braunschweig.

Gibt es Vampire wirklich?

Eine Gruselgeschichte ist dann am gruseligsten, wenn anstelle einer Lampe nur eine Kerze brennt oder eine Gaslaterne, wie dies vor über hundert Jahren der Fall war, als die Geschichte von **Graf Dracula** das erste Mal in einem Buch erschien. Damals gab es noch keine elektrischen Lampen, und fahle Gasleuchten tauchten die Straßen Londons in schummeriges Licht. Dort stand ein Haus, das angeblich ein gewisser Graf Dracula kaufen wollte.

So zumindest beginnt der Roman „Dracula", den sich der irische Schriftsteller Bram Stoker ausdachte und der 1897 veröffentlicht wurde. Graf Dracula möchte aus **Transsilvanien** (das liegt im heutigen Ungarn) nach England umziehen, um in London sein nächtliches Unwesen zu treiben. Er ist nämlich ein Vampir und braucht das **Blut** junger Frauen zum Leben. Daher beißt er sie und zapft es ihnen ab. Doch die Helden kommen dem Vampir auf die Schliche und verjagen ihn mit Kreuzen, Knoblauch und angespitzten Holzpflöcken. Dracula flieht auf sein Schloss in Transsilvanien, doch die **Vampirjäger** reisen ihm nach und töten ihn schließlich.

Auf der Jagd nach dem Blut junger Frauen

Vorbild für die Figur des Grafen Dracula ist vermutlich **ein echter Fürst** gewesen, und zwar Vlad III. Draculea. Er lebte vor über 500 Jahren im heutigen Rumänien und soll Erzählungen zufolge ziemlich grausam gewesen sein. Ob er allerdings – wie es sich für einen richtigen Vampir gehört – Blut saugte, in einem **Sarg** schlief und kein Spiegelbild hatte, möchte ich doch stark bezweifeln. Menschliche Vampire gibt es nämlich nicht.

Im Tierreich jedoch sind Lebewesen bekannt, die ausschließlich vom Blut von Säugetieren und Vögeln leben: die **Vampirfledermäuse**. Sie treiben vor allem im südamerikanischen Raum ihr Unwesen. Nachts verlassen sie ihre Schlafhöhlen und suchen sich ihre Opfer.

Haben sie zum Beispiel eine schlafende Kuh entdeckt,
schleichen sie sich an sie heran, schaben mit den
Zähnen ein wenig Fell von der Haut, betäuben die Stelle
mit ihrem Speichel, beißen ein Loch hinein und lecken
oder saugen das Blut. Der Kuh macht das nicht allzu
viel aus, denn die fliegenden Winzlinge, die nur wenige
Gramm wiegen und kleiner als zehn Zentimeter sind,
geben sich schon mit einigen Tröpfchen Blut zufrieden.
Allerdings sind die Echten Vampire nicht ganz harmlos.
Beim Beißen übertragen sie Krankheiten, an denen die Kuh
sterben kann, wenn sie nicht geimpft ist.

Vampirfledermäuse saugen das Blut von Kühen.

Wenn die Erde platzt

Seit es die Erde gibt, brodelt es tief in ihrem Inneren gewaltig. Im Allgemeinen merken wir davon nichts, denn diese mehrere Tausend Grad heiße Suppe aus flüssigen Steinen und Gasen befindet sich 3000 bis 6000 Kilometer unter uns. Manchmal jedoch drängt diese **Pampe** nach oben. Dann platzt die Erdoberfläche auf und unter großem Druck werden Gase, Asche und flüssiges Gestein (Magma) **herausgeschleudert**. Dabei entstehen gewaltige Berge, die Vulkane. Wenn das Magma einmal den Weg an die Erdoberfläche gefunden hat und ein Vulkan entstanden ist, kann es passieren, dass er von Zeit zu Zeit ausbricht.

Rund um den Erdball gibt es noch vie

Der größte Vulkanausbruch, von dem wir wissen, fand 1815 auf der Insel Sumbawa in Indonesien statt. Er war so gewaltig, dass er **Erdbeben und Flutwellen** auslöste. Die Asche aus dem Vulkan wurde so hoch in die Erdatmosphäre geschleudert, dass die Sonnenstrahlen den dunklen Schleier nicht mehr durchdrangen und sich das Wetter änderte. In alten Berichten aus Nordamerika und Europa heißt das darauffolgende Jahr 1816 „Jahr ohne Sommer", denn es war das ganze Jahr über **kalt und dunkel**.

Rund um den Erdball gibt es zwischen 1500 und 1900 aktive Vulkane, hinzu kommen vermutlich noch ein paar Hundert unter Wasser, von denen wir viele noch gar nicht kennen. Als unser Planet noch jung war, hat es bedeutend mehr Vulkane gegeben. Viele Gebirge und Inseln verdanken wir der Tätigkeit dieser **Feuer speienden Berge**.

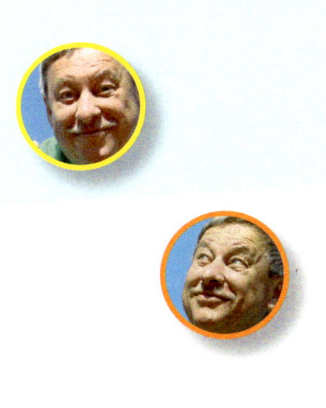

Hundert aktive Vulkane.

Einer der bekanntesten Vulkane der Erde ist der Vesuv in Italien. Als er im Jahr 79 ausbrach, löste er eine große Katastrophe aus, denn die römische Stadt **Pompeji** am Fuße des Vulkans wurde vollständig von einer bis zu 25 Meter hohen Schicht aus Asche, Geröll und Lava (so heißt Magma, wenn es an die Erdoberfläche getreten ist) verschüttet, mehrere **Tausend Menschen** starben. Erst im 19. Jahrhundert wurde die Stadt wieder ausgegraben. Archäologen und Historiker erfuhren eine ganze Menge über die Zeit der Römer, denn unter der Ascheschicht kamen Tempel, Wandelhallen, Kaufläden, Säulen und römische Bäder gut erhalten wieder zum Vorschein.

So sieht es aus, wenn der Ätna, der höchste und aktivste Vulkan Europas, Feuer speit.

In Italien gibt es noch einige andere Vulkane, zum Beispiel den Ätna auf Sizilien und die Vulkaninsel Stromboli bei Sizilien. Eine Vielzahl großer und kleinerer Vulkane findest du auf Island.

Auch bei uns gibt es Vulkane, zum Beispiel im Erzgebirge, im Westerwald, am Kaiserstuhl, in der Rhön und am Vogelsberg – er ist **der größte Vulkan** ganz Europas. In der Vordereifel im Bundesland Rheinland-Pfalz liegt ebenfalls ein Vulkan. Ob in diesem Gebiet vor 13 000 Jahren schon Menschen wohnten, weiß niemand. Wenn aber Menschen dort gelebt haben, wurden sie Zeugen eines **gewaltigen** Vulkanausbruchs. Später fiel der Vulkan in sich zusammen und bildete einen großen Krater. Im Laufe der Zeit füllte er sich mit Regenwasser und mit Wasser aus unterirdischen Quellen. So entstand der Laacher See.

Auch bei uns gibt es Vulkane.

Da der **Krater** keinen Abfluss hat, bekamen viele Tausend Jahre später die Mönche im Kloster Maria Laach in der Nähe des Sees häufig nasse Füße, denn das Gewässer trat nach heftigen Regenfällen über die Ufer. Im 12. Jahrhundert kam ein Mönch namens Fulbert auf die Idee, einen langen unterirdischen Stollen zu bauen, durch den das Wasser abfließen konnte. Durch den „Rückzug" des Wassers gewannen die Mönche sogar noch eine große Fläche Ackerland hinzu. Dort gediehen Obst und Gemüse bestens, denn der Boden rund um Vulkane ist sehr mineralstoffreich. Da Mineralstoffe zur Nahrung der Pflanzen gehören, finden sie dort **ideale Lebensbedingungen**.

Von oben ist gut zu erkennen, dass der Laacher See ein mit Wasser gefüllter Vulkankrater ist. Am unteren Bildrand sieht man das Kloster Maria Laach.

Falls ihr übrigens einmal in einem **Vulkansee** schwimmen wollt, dann könnt ihr das im Laacher See tun. Angst, dass der Vulkan gerade dann ausbricht, wenn ihr darin plantscht, braucht ihr wohl nicht zu haben – er ist zwar weiterhin aktiv, doch die Forscher erwarten keinen baldigen Ausbruch.

Vom größten Gehirn der Welt

Pottwale gehören zu den größten Tiere auf der Erde. Große Bullen, also Männchen, können fast 20 Meter lang und 50 Tonnen schwer werden. Wer so riesig ist, hat natürlich auch einen **gewaltigen** Kopf. Oft habe ich mich gefragt, ob ein Pottwal wohl auch ein großes Gehirn hat. Hat er. Und zwar das größte aller Tiere. Es bringt mitunter über neun Kilogramm auf die Waage.

Eine Stunde unter Wasser

Trotz ihres Gewichts und ihres klobigen Körpers können Pottwale vermutlich bis zu 3000 Meter **tief tauchen**. Bei Gefahr sind die Meeresriesen in der Lage, über eine Stunde lang auf Tauchstation zu bleiben und die Luft anzuhalten.

Aber trotz all dieser wunderbaren Fähigkeiten wären sie im letzten Jahrhundert fast **ausgerottet** worden. Schuld daran hatten die Walfänger, die vor allem hinter einem speziellen Organ im topfförmigen Kopf des Pottwals her waren. Es heißt „Spermaceti-Organ" und enthält mehrere Tonnen einer öligen Flüssigkeit, die dem Pottwal beim Auf- und Abtauchen hilft. Leider eignet sich das Öl auch gut als **Schmiermittel** für Automotoren. Außerdem liefert der Darm des Wals einen Stoff namens „Ambra", der für die Herstellung kostbarer Parfüms verwendet wird.

Die Pottwalweibchen kannst du leicht von den Männchen unterscheiden, denn sie sind etwa sechs Meter kürzer. Wie alle Wale gehören Pottwale zu den Säugetieren. Ihre Babys sind **wahre Riesen**, denn bei der Geburt haben sie schon eine Länge von vier Metern und wiegen über eine Tonne (dieses Gewicht würden auch etwa 1000 neugeborene Ferkel auf die Waage bringen). Ein bis zwei Jahre lang werden sie gesäugt, dann können sie selbstständig fressen. Die Lieblingsmahlzeit der Pottwale besteht übrigens aus Kraken und Tintenfischen, aber auch Fische und Krustentiere stehen auf ihrer Speisekarte.

Im Vergleich zum gesamten Kopf wirkt der Unterkiefer des Pottwals klein. Die Zähne, die darin sitzen, sind aber ganz schön groß: Sie werden bis zu 20 cm lang.

Der berühmteste Pottwal aller Zeiten ist sicher **Moby Dick**, auch wenn er nie wirklich gelebt hat. In dem Roman, der den Namen dieses Wals trägt und der von dem Amerikaner Herman Melville geschrieben wurde, hetzt **Kapitän Ahab** Moby Dick durch die Meere. Dabei geht es ihm vor allem um Rache, denn der Wal ist dafür verantwortlich, dass Ahab ein Bein verlor und nun eine Prothese aus einem Walknochen trägt.

In den Gewässern der Welt leben knapp 80 verschiedene Walarten – vom Pottwal über den Blauwal bis zum Delfin. Heute könnte Kapitän Ahab sie nicht mehr so leicht mit der **Harpune** jagen. Das liegt nicht nur an den vielen anderen Booten, die ihm sein Revier streitig machen würden, sondern in erster Linie an der Internationalen Walfang-Kommission. Sie legt fest, wer wie viele Wale **fangen** darf. Leider setzen sich zahlreiche Länder über die Begrenzung hinweg. Häufig schieben sie wissenschaftliche Untersuchungen vor, doch geht es bei Preisen von über 200 Euro für ein Kilogramm Walfleisch darum, möglichst viel Geld zu verdienen.

Werden Wale die gnadenlose Jagd auf sie überleben?

Und es lauern noch andere Gefahren auf die Riesensäuger:
Viele Wale sterben in den gewaltigen **Schleppnetzen** von
Fischerbooten. Sonare, mit denen sich die Schiffe orientieren,
verwirren die Wale, denn die elektronischen Geräte arbeiten mit
Schallwellen, welche die Tiere mit ihrem feinen Gehör wahr-
nehmen und sich davon **in die Irre** leiten lassen. Und auch
das verdreckte Meerwasser macht den Walen zu schaffen.
Dass die riesigen Meeressäuger all den Stress und die Angriffe
auf sie überleben werden, können
wir nur hoffen.

Warum ist Wasser so wichtig?

Was wären wir ohne Wasser? Die Antwort ist einfach, es gäbe uns nicht. Und es gäbe auch keine Tiere und Pflanzen. So an die **zwei Liter** Wasser sollten wir pro Tag schon trinken, sonst werden wir krank. Unser Körper braucht das Wasser, schließlich besteht er zu 70 Prozent aus ihm.

Eigentlich dürfte unser Planet gar nicht Erde heißen. Wasser wäre der passendere Name, denn knapp Dreiviertel der Erdoberfläche sind von Wasser bedeckt. Das meiste davon ist **Salzwasser**. Nur ein ganz kleiner Teil davon ist Süßwasser, also Wasser, das wir trinken können. Das meiste Süßwasser ist **gefroren** und befindet sich als Eis unter anderem an den Polen und in Gletschern.

Ist Wasser aber immer **flüssig**? Nein, es kommt auf unserem Planeten in drei verschiedenen Formen vor. Unter null Grad wird es zu Eis. Bei über hundert Grad ist alles Wasser normalerweise gasförmig und dazwischen ist es einfach Wasser.

In der Natur gibt es einen Wasserkreislauf. Wenn die Sonne auf die Meere scheint, erwärmt sich dort das Wasser und verdunstet. Es wird zu Dampf und steigt nach oben in die Atmosphäre. Dort kühlt es sich wieder ab, wird zu kleinen Tröpfchen und bildet Wolken. Werden die Tröpfchen zu groß, fallen sie irgendwann wieder auf die Erde. Je nachdem, ob es dort unten warm oder kalt ist, kommen sie als Regen, Schnee oder Hagel an. Die Pflanzen nehmen das Wasser auf, Menschen und Tiere trinken es oder es fließt in Bäche und Flüsse bzw. versickert im Grundwasser und gelangt so wieder ins Meer. Wenn dann die Sonne scheint, geht alles von vorne los, ein richtiger Wasserkreislauf eben.

Wie wichtig Wasser für unser Leben ist, kannst du auch daran sehen, dass es in vielen Religionen eine besondere

Ohne Wasser gäbe es uns nicht.

Bedeutung hat. In der Bibel zum Beispiel lässt Jahwe (Gott) Moses Wasser aus einem Felsen schlagen, damit sein Volk nicht verdurstet. Die Schöpfungsgeschichte der Hindus erzählt von Wassern, auf denen das Weltei schwamm. Aus diesem Weltei entstand alles Leben. In vielen Religionen wird mit Wasser getauft.

Ein Satellitenbild von der Antarktis, deren Eis ein riesiger Süßwasservorrat ist.

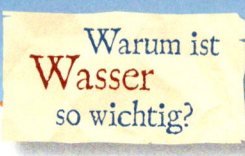
Wasser hat in all diesen Geschichten aber nicht nur eine gute
Seite. Denk an die Geschichte von Noah, dann erkennst du,

Wasser kann auch zerstören.

dass Wasser auch zerstören kann. Wasser kann
reiche Ernten bedeuten, zu viel Wasser aber
Häuser und Vorräte vernichten, zum Beispiel
durch **Überschwemmungen**.

Wenn wir den Wasserhahn aufdrehen, dann kommt sauberes,
klares Wasser heraus. Das ist in vielen Regionen der Welt
jedoch keine Selbstverständlichkeit. Mehr als eine Milliarde
Menschen, also eine unvorstellbar große Zahl, haben
kein sauberes Trinkwasser. Da sie jedoch trinken
müssen, wird ihnen dieses Wasser oft zum Verhängnis.
Sie werden krank und im schlimmsten Fall sterben sie.

Was ist eigentlich Zeit?

Viele kluge und weniger kluge Köpfe haben darüber nachgedacht, was eigentlich die Zeit ist. Genau weiß das keiner. Die Zeit
lässt jede Menge Platz zum **Nachdenken**. War sie schon
immer da und geht sie endlos weiter, oder hat sie einen Anfang
und ein Ende?

Die Denkmodelle reichen von
zahlreichen Schöpfungs-
geschichten – die uns bekann-
teste besagt, dass die Zeitrechnung begann, als Gott die
Welt erschuf – bis zu kom-
plizierten wissenschaftlichen
Erklärungen. Eine sichere
Antwort gibt jedoch **keiner**
dieser Erklärungsversuche.

**In der christlichen Vorstellung stand am Anfang
aller Zeit die Schöpfungsgeschichte, als Gott
die Welt erschuf.**

Wie man es auch dreht und wendet, unsere Zeit auf der Welt ist **begrenzt**. Mit etwas Glück dauert sie 80 oder 90 Jahre. Ob uns diese Jahre kurz oder lang vorkommen, hängt davon ab, was wir in unserem Leben tun und erleben. Wenn man zum Beispiel, so wie ich gerade, an einem Buch arbeitet, das einen interessiert, vergeht die Zeit ziemlich schnell. Kaum habe ich angefangen und die ersten Zeilen getippt, sind einige Stunden vergangen. Doch das merke ich gar nicht. Erst am Abend, wenn ich den Text noch einmal lese, habe ich das Gefühl, viel und lange gearbeitet zu haben. Wenn man also etwas Interessantes tut oder erlebt, kommt einem die Zeit ziemlich kurz vor. In unserer **Erinnerung** an das Erlebte aber empfinden wir sie als lang.

> **Wenn man etwas Interessantes tut, kommt einem die Zeit ziemlich kurz vor.**

Es kann auch genau umgekehrt sein. Vor einigen Jahren drehte ich eine Reportage in einem Kloster in Slowenien. Beim Filmemachen ist meistens viel los, und **die Zeit läuft** einem nur so davon. Wahrscheinlich war ich ein bisschen nervös und ungeduldig, denn einer der Mönche sagte zu mir, ich solle dem Bambus eine Zeit lang beim Wachsen zuschauen. Das habe ich gerade mal zehn Minuten lang ausgehalten. Ich habe die Pflanze wirklich wachsen gesehen, aber die Zeit ist mir unglaublich lang vorgekommen. Dabei habe ich etwas **Wichtiges** gelernt: Wenn man sich auf scheinbar Unwesentliches konzentriert, kann man der Hetze des Alltags ganz leicht entkommen.

Wir Menschen teilen unsere Zeit in drei Teile: Vergangenheit, Gegenwart und Zukunft. Wir kommen aus unserer Vergangenheit (zum Beispiel aus unserer Kindheit), an die wir uns erinnern. Dann erleben wir die Gegenwart, die unserem Gefühl nach so etwa **drei Sekunden** dauert. Dann kommt die nächste Gegenwart, denn in die Zukunft gelangen wir nie. Wir können nur darüber nachdenken. Unsere Gegenwart wird von dem, was wir in der Vergangenheit getan haben, **beeinflusst**. Wenn ihr euch beispielsweise früher einmal die Finger verbrannt habt, weil ihr einen heißen Topf auf dem Herd angefasst habt, erinnert ihr euch daran und werdet nie mehr einen heißen Topf auf dem Herd anfassen. Vielleicht habt ihr sogar eine Narbe zurückbehalten, die auch in der **Gegenwart** noch manchmal wehtut und das auch dann noch tun wird, wenn die Zukunft zur Gegenwart geworden ist.

Vergangenheit, Gegenwart und Zukunft

Bildquellenverzeichnis

Airbus S.A.S. 60

aisa, Archivo iconográfico, Barcelona 141

Bibliographisches Institut, Mannheim/Archiv Waldmann 79

Bibliographisches Institut, Mannheim 16, 24, 26, 38, 82, 89, 94, 121, 152

Christoph Biemann, Köln 9

Bildarchiv Paturi, Rodenbach/Ford 20

Centrale Marketinggesellschaft der deutschen Agrarwirtschaft mbH, Bonn 95

© CORBIS/Royalty-Free 33, 34, 75, 81, 131, 132, 150

CORBIS/Zefa/Pinto 90

© DeA Picture Library 28

ESA/ESOC, Darmstadt 136

Prof. W. Fritz, Köln 85

GEOSPACE; Austria, 2000, Original Data: Eurimage 169

Heidelberger Druckmaschinen 31

Image Source, Köln 36

H. Kahnt, Naunhof 68

Kessler-Medien, Saarbrücken 27

Klassik Stiftung Weimar 171

Dr. R. König, Preetz 71

MEV Verlag, Augsburg 50, 52, 53, 54, 59, 61, 64, 69, 70, 74, 79, 84, 96, 98, 102, 113, 133, 145, 155, 168

NuvoMedia, Hamburg 32

Bildarchiv Okapia, Frankfurt am Main 146, 165

Bildarchiv Okapia, Frankfurt am Main/BIOS/Fred Bavendam 149

Physikalisch-Technische Bundesanstalt, Braunschweig und Berlin 156

picture-alliance/akg-images, Frankfurt am Main 37, 41, 48, 49, 63, 88, 99, 100, 111, 138, 162

picture-alliance/dpa, Frankfurt am Main 14, 17, 42, 65, 72, 78, 108, 109, 118, 120, 124, 127, 139, 163

picture-alliance/kpa photo archive, Frankfurt am Main 117, 125, 153

picture-alliance/Bildarchiv Okapia, Frankfurt am Main 10, 12, 23, 91, 103, 160

Royal Caribbean Cruise Line, Frankfurt am Main 129

The Yorck Project, Berlin 56, 66

© Dr. Hermann Brehm-Zoonar 159

Weitere Bilder: Christoph Biemann, Köln

Noch mehr Antworten – gibts von Löwenzahn!

„Wo wächst eigentlich der Pfeffer?",
„Wie fliegt eine Rakete?" und
„Warum schnurren Katzen?" –
in seinem Fragenbuch liefert
Fritz Fuchs die Antworten auf
200 lustige, skurrile und knifflige
Fragen rund um die Themen
Natur, Umwelt und Technik.

**Warum glühen
Glühwürmchen?**

224 Seiten. Kartoniert
6,95 € (D); 7,20 € (A)
ISBN 978-3-411-08396-1

Preisänderungen vorbehalten

Die Forscherbücher zur TV-Sendung

Nach dem Motto „fragen – forschen – wissen!" gehen Kinder ab 7 Jahren auch in der bunten Sachbuchserie spannenden Fragen aus Natur, Umwelt und Technik auf den Grund. Experimentier- und Basteltipps, Quizfragen sowie herausnehmbare Entdeckerkarten sorgen für noch mehr Spaß beim Schmökern und Forschen!

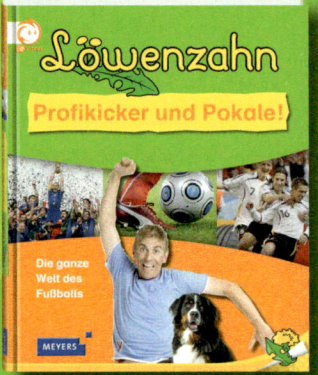

Profikicker und Pokale!
ISBN 978-3-411-08397-8

Wundermaschine Mensch!
ISBN 978-3-411-08393-0

Alles nur geklaut!
ISBN 978-3-411-08392-3

Sprudelnd und spritzig!
ISBN 978-3-411-08394-7

Wildschweinalarm!
ISBN 978-3-411-08395-4

Fest im Sattel!
ISBN 978-3-411-08398-5

Je Band
48 Seiten. Gebunden
9,95 € (D); 10,30 € (A)
Preisänderungen vorbehalten